# 初中语文教学的审美教育研究

吕芸瑶 著

学苑出版社

**图书在版编目（CIP）数据**

初中语文教学的审美教育研究 / 吕芸瑶著 . — 北京：学苑出版社，2023.10

ISBN 978-7-5077-6811-4

Ⅰ．①初… Ⅱ．①吕… Ⅲ．①中学语文课—审美教育—教学研究—初中 Ⅳ．① G633.302

中国国家版本馆 CIP 数据核字（2023）第 211662 号

责任编辑：乔素娟
出版发行：学苑出版社
社　　址：北京市丰台区南方庄 2 号院 1 号楼
邮政编码：100079
网　　址：www.book001.com
电子邮箱：xueyuanpress@163.com
联系电话：010-67601101（销售部）、010-67603091（总编室）
印　刷　厂：河北赛文印刷有限公司
开本尺寸：710 mm×1000 mm　1 / 16
印　　张：9.25
字　　数：185 千字
版　　次：2023 年 10 月第 1 版
印　　次：2023 年 10 月第 1 次印刷
定　　价：48.00 元

## 作者简介

吕芸瑶，高级教师、市级骨干教师、秀山县学科教学名师，曾获秀山县"优秀教师""优秀班主任""百佳教学能手"等称号。曾获2012年秀山县语文优质课大赛一等奖、全国第九届文化作文教学大赛特等奖、重庆市第三届全文阅读现场教学大赛二等奖等。主持县级重点课题"基于核心素养的初中语文记叙文类文本阅读教学中审美情趣培养的研究"。

# 前　　言

当今社会，素质教育被高度重视，美育是素质教育中不可缺少的部分，在人的全面发展中起着不可替代的作用。美育在学校教育中的实施主要是通过学科教学来实现的，而语文学科因独特的人文性和丰富的情感性促使美育在学科当中得以落实。众所周知，审美教育不仅对学生的人格发展起到了推动作用，而且对学生的思想、学习能力的培养也有很大的促进作用。初中生的思想水平开始不断发展，所以开展基于人文性的教育更加重要。由此可见，审美教育在教育教学中的确有着不可替代的意义，尤其是语文学科，要不断地培养学生的审美意识，提升学生的文化自信。另外，初中生所处的年龄阶段是一个人的人生观、世界观形成的关键时期，语文美育对于初中生形成科学的人生观和价值观尤为重要。

本书从基本概念出发，对审美教育进行概述。在此基础上对文学与审美教育展开详细论述，主要包括文学审美教育概说、文学审美教育的前提和逻辑及文学审美教育的教学解读。之后对初中语文教学的审美教育进行深入研究，首先，对初中生的审美发展进行论述，包括个体审美能力的发展、中学生审美发展的特征及规律；其次，对语文教学与审美教育的目的、任务及价值进行研究；最后，从初中语文教学中审美能力培养的现状、培养策略及实践路径三个方面对初中语文教学的审美教育进行深入研究。

初中语文教学的审美教育仍然处于发展阶段，因此其相关研究仍然任重而道远。笔者在撰写本书的过程中参阅了相关资料，吸取了许多有益的内容。由于笔者水平有限，书中难免有不当之处，恳请广大师生和读者予以批评指正，以臻完善。

吕芸瑶

2023 年 7 月

# 目　　录

# 第一章　审美教育概述

美育学在我国是一门新兴的边缘学科，主要探讨审美教育的性质、功能和任务，具有服务于完整人格塑造和素质教育的人文性和应用性。

## 第一节　美育的内涵和诞生

美育，作为一项社会实践活动，可以说源远流长。在中国，美育始于先秦的铸鼎象物、歌咏所兴、制礼作乐。《世本·作篇》有伏羲、神农作琴、瑟之记载。《尚书·舜典》称："帝曰：'夔！命汝典乐，教胄子，直而温，宽而栗，刚而无虐，简而无傲。诗言志，歌永言，声依永，律和声。八音克谐，无相夺伦，神人以和。'"孔子将仁人君子的培养过程概括为"兴于诗，立于礼，成于乐"。在西方，美育则始于希腊神话、荷马史诗，以及古希腊戏剧等。无论是《周礼》中所记载的中国古代的"六艺"教育——礼、乐、射、御、书、数，还是源自古希腊、罗马的西欧中世纪早期学校中的"七艺"教育——文法学、修辞学、辩证法（逻辑学）、算术、几何学、天文学和音乐，都包含了美育的成分。

说到席勒（Schiller），很多人可能只知道他是德国著名的剧作家、诗人、影响力大的美学家和文艺理论家，但是很多人不知道的是最开始研究美育这一学问的人也是他。席勒有一本书叫《美育书简》，这本书是第一部明确提出"美育"这一概念、对美育理论进行过系统探讨的书，在美育历史上具有至关重要的意义。

《美育书简》这本书一开始只是席勒在1793年写给丹麦奥古斯腾堡公爵克里斯谦的信，并且里面的内容主要是对人的一种美感教育，也是他为了报答公爵之前给予他经济上的帮助。这些信原本流传的范围是比较小的，很少人知道。前十封信因为一场发生在哥本哈根的火灾而被焚烧。之后席勒就通过自己之前所留存的一些提纲重新进行了撰写，还重新增加了很多新内容，一共写出来27封信，也就是现在广为人知的《美育书简》。

席勒认为："有促进健康的教育，有促进认识的教育，有促进道德的教育，还有促进鉴赏力和美的教育。这最后一种教育的目的在于，培养我们感性和精神力量的整体达到尽可能的和谐。"[①]他第一次明确将美育与体育、智育、德育并列，作为一项具有独立目标的教育。只有通过审美教育才能实现人由感性状态到理性和道德状态的转变，这就是《美育书简》想要表达的主题思想，即能够使得人的精神达到解放状态的方式只有审美。

对于中国而言，最早出现美育这一说法是由西方语言翻译来的，同时也是伴随着西方这一美育理论而被介绍过来的。清末学者王国维是中国近现代思想史上最早提出"提倡美育"这一说法的人。"美育"这一术语也在王国维的一些文献中被提及和使用过，比如《论教育之宗旨》和《孔子之美育主义》，这些属于国内最早使用"美育"这一术语的文献。王国维在《论教育之宗旨》一文中阐述了他对教育要培养怎样的人才的看法。他说："教育之宗旨何在？在使人为完全之人物而已。何谓完全之人物？谓人之能力无不发达且调和是也。"王国维参照西方学者的观点，把人的心理功能分为知、情、意三个方面。这三者是构成人的心理活动的基本因素，分别通向自己的最高理想——真、美、善。"'真'者知力之理想，'美'者感情之理想，'善'者意志之理想也。完全之人物不可不备真美善之三德。"并且，知、情、意三者是相互联系的："人心之知、情、意三者，非各自独立，而互相交错者。如人为一事时，知其当为者'知'也，欲为之者'意'也，而当其为之前（后）又有苦乐之'情'伴之，此三者不可分离而论之也。"与知、意、情三者相对应的是智育、德育、美育，只有这"三者并行，而渐达真、善、美之理想，又加以身体之训练，斯得为完全之人物，而教育之能事毕矣"。

王国维在《论教育之宗旨》中特意列出一个图表，以表达他对教育的宗旨的看法。王国维认为：美育一方面有自己特殊的目的——发达感情，以促进人的审美发展；另一方面又是促进德育和智育的手段，具有辅助德育和智育的功能。他说："要之，美育者一面使人之感情发达，以达完美之域；一面又为德育与智育之手段，此又教育者所不可不留意也。"

此外，王国维还在考察中外教育史的基础上指出："孔子言志，独与曾点；又谓'兴于诗'，'成于乐'。希腊古代之以音乐为普通学之一科，及近世希痕

---

① 席勒.美育书简［M］.徐恒醇，译.北京：中国文联出版公司，1984.

林（今译谢林）、希尔列尔（今译席勒）等之重美育学，实非偶然也。"这就进一步从人类文明发展史的角度强调了美育的必要性。同时，他还指出只重视德育或智育，都不是完全的教育："如佛教之一派，及希腊罗马之斯多噶派，抑压人之感情而使其能力专发达于意志之方面；又如近世斯宾塞尔之专重智育，虽非不切中一时之利弊，皆非完全之教育也。"

王国维在《孔子之美育主义》一文中详细比较了孔子美育思想与西方美育思想，特别是与席勒《美育书简》中美育思想的相同之处。文章引"《论语》曰：'小子何莫学夫诗。诗可以兴，可以观，可以群，可以怨。迩之事父，远之事君。多识于鸟兽草木之名。'又曰：'兴于诗，立于礼，成于乐。'"指出：孔子教人，"始于美育，终于美育"。王国维还进一步指出："孔子之教人，于诗乐外，尤使人玩天然之美。故习礼于树下，言志于农山，游于舞雩，叹于川上，使门弟子言志，独与曾点。点之言曰：'暮春者，春服既成，冠者五六人，童子六七人，浴乎沂，风乎舞雩，咏而归。'由此观之，则平日所以涵养其审美之情者可知矣。之人也，之境也，固将磅礴万物以为一，我即宇宙，宇宙即我。光风霁月不足以喻其明，泰山华岳不足以语其高，南溟渤澥不足以比其大。邵子所谓'反观'者非欤？叔本华所谓'无欲之我'，希尔列尔（今译席勒）所谓'美丽之心'者非欤？此时之境界：无希望，无恐怖，无内界之争斗，无利无害，无人无我，不随绳墨而自合于道德之法则。一人如此，则优入圣域；社会如此，则成华胥之国。孔子所谓'安而行之'，与希尔列尔（今译席勒）所谓'乐于守道德之法则'者，舍美育无由矣。"

继王国维之后，著名教育家蔡元培把美育推进到一个新的发展阶段。1912年，蔡元培出任中华民国临时政府教育总长，发表《对于教育方针之意见》，据清季学部忠君、尊孔、尚公、尚武、尚实的五项宗旨而加以修正，改为军国民主义、实利主义、德育主义、世界观、美育主义五项，第一次将"美育"列入国家的教育方针。1920年，蔡元培在《普通教育和职业教育》的演讲中强调："所谓健全的人格，内分四育，即体育、智育、德育、美育。这四育是一样重要，不可放松一项的。"

蔡元培所说的"美育"即"美感教育"。他说："美感者，合美丽与尊严而言之，介乎现象世界与实体世界之间，而为之津梁。在现象世界，凡人皆有爱恶、惊惧、喜怒、悲乐之情，随离合、生死、祸福、利害之现象而流转。至美术，则即以此等现象为资料，而能使对之者，自美感以外，一无杂念。如采莲煮豆，饮食之事也，而一入诗歌，则别成兴趣。火山赤舌，大风破舟，可骇可怖之景也，而一入图画，则转堪展玩。是则对于现象世界，无厌弃而亦无执着也。人既脱离一切现象世界相对之感情，而为浑然之美感，则即所谓与造物为友，而已接触于实体世界之观念矣。故教育家欲由现象世界而引以到达于实体世界之观念，不可不用美感之教育。"[1]

蔡元培称"美育"为"美感教育"。这表明美育不是知识教育，也不是道德教育，而是情感教育，以陶冶情感为目的。正如他在《美育与人生》一文中所说："人人都有感情，而并非都有伟大而高尚的行为，这是由于感情推动力的薄弱。要转弱而为强、转薄而为厚，有待于陶养。陶养的工具，为美的对象；陶养的作用，叫作美育。"

1930年，蔡元培在为商务印书馆出版的《教育大辞书》所撰写的"美育"条目中，给"美育"做了如下定义："美育者，应用美学之理论于教育，以陶养感情为目的者也。人生不外乎意志；人与人互相关系，莫大乎行为；故教育之目的，在使人人有适当之行为，即以德育为中心是也。顾欲求行为之适当，必有两方面之准备：一方面，计较利害，考察因果，以冷静之头脑判定之；凡保身卫国之德，属于此类，赖智育之助者也。又一方面，不顾祸福，不计生死，以热烈之感情奔赴之；凡与人同乐、舍己为群之德，属于此类，赖美育之助者也。所以美育者，与智育相辅而行，以图德育之完成者也。"这就是说，美育在理论上属于美学，在实践上属于教育。它与智育相互区别，又相辅相成，以养成高尚的道德为宗旨。这个定义扼要地说明了美育的范围、目的及同智育、德育的关系。

蔡元培还认为，每一种文化的精神文明都有四个主要成分——宗教、科学、哲学、艺术。随着人类知识的进步，宗教的影响越来越小，艺术的影响越来越大。中国要建设新文化，不是要建立宗教，而是要提倡艺术，这就是他提出的"以美育代宗教"说。1917年，蔡元培在北京神州学会所做的《以美育代宗教说》的讲演，首次明确提出"以美育代宗教"的思想。这篇讲演在《新青年》第3卷第6号上发表后，产生了广泛的影响。1930年和1932年，蔡元培又先后发表了题为《以美育代宗教》和《美育代宗教》的文章。他在《以美育代宗教》中指出："我向来主张以美育代宗教，而引者或改美育为美术，误也。"他认为美术与美育范围不同、作用不同，所以"不用美术而用美育"。他在这篇文章中还指出："然则保留宗教，以当美育，可行么？我说不可。一、美育是自由的，而宗教是强制的；二、美育是进步的，而宗教是保守的；三、美育是普及的，而宗教是有界的。因

---

[1] 蔡元培.蔡元培美学文选[M].北京：北京大学出版社，1983.

为宗教中美育的元素虽不朽，而既认为宗教的一部分，则往往引起审美者的联想，使彼受智育、德育诸部分的影响，而不能为纯粹的美感，故不能以宗教充美育，而只能以美育代宗教！"

# 第二节　当代中国美育的发展历程

当代中国美育，从 1949 年中华人民共和国成立至今，可以 1976 年为界，分为前、后两个时期。

## 一、1976 年之前

1976 年之前，中国美育的发展历程可分为中华人民共和国成立初期、20 世纪 50 年代后期、20 世纪 60 年代前期三个阶段。

### （一）美育得到关注（中华人民共和国成立初期）

1951 年 3 月召开了首次全国中学教育会议，这一会议明确提出了关于普通高中的宗旨和培养的目标，其中的发展目标和宗旨是确保这一代青少年能够获得全面发展，包括智育、体育、美育、德育等这些方面，让现代新青年都能够获得全面的成长。同时教育部在 1952 年也相继颁布了关于小学实施全面发展教育的规定，使得小学生也能够得到全面的发展。就美育这一方面而言，旨在让儿童能够意识到爱美这一观念，并且拥有初步欣赏艺术的能力。与此同时所颁布的《中学暂行规程（草案）》里面也有对中学生的一些规定：让中学生也能够得到全面发展的教育，并且通过多种渠道对学生的审美和创造力进行培养。

### （二）美育受到挫折（20 世纪 50 年代后期）

在 1957 年的 2 月召开了最高国务会议的第十一次（扩大）会议，里面也明确指出：我们所遵循的教育理念应该是使得学生能够取得德、育、智这三个方面的全面发展，使得受教育者能够成为一个具有社会主义觉悟的劳动者。学校忽视和取消美育的原因就在于没有将"美育"明确提出来，对于教育理念的理解比较片面。对于中学课程设置而言，尽管学校设置了音乐、美术等艺术类学科，然而安排的课时数量非常少，并且仅有的艺术课程也无法得到保障，经常会出现被其他课程占用的现象。

### （三）美育有所改善（20 世纪 60 年代前期）

1961 年 1 月，由中共中央所召开的八届九中全会制定了"调整、巩固、充实、提高"的经济发展方针。因为这一方针的提出，《文汇报》编辑部组织了一些讨论"美育"问题的活动，相关部门也逐渐开始重视美育工作，有一些文科院也开始开设美学课，同时还编写了关于美学课所用到的相关教材。

## 二、1976 年之后

1976 年之后，中国美育的发展历程可分为 20 世纪 70 年代末至 20 世纪 80 年代、20 世纪 90 年代和 21 世纪初三个阶段。

### （一）恢复美育（20 世纪 70 年代末至 20 世纪 80 年代）

自中共中央十一届三中全会召开之后，学校恢复了教学秩序，教育逐渐走上正轨：开始加大对智育的重视，体育得到了恢复，德育被加强。在以上这种背景下，美育在全面发展教育中的地位到底如何这一问题重新出现在人们面前。

美育被列为重要议题是 1980 年 6 月 4 日在昆明召开的第一次全国美学会议上被提出的，同时该会议还对美育的重要性和紧迫性、美育的内容和任务、美育与教育方针的关系进行了一次深入的讨论。

1984 年 10 月，中华美学学会、全国教育学研究会和湖南人民出版社《美育》杂志编辑部，在湖南省张家界召开了第一次全国美育座谈会。

1986 年 12 月 28 日，国家教委成立了艺术教育委员会，以推动全国各级各类学校美育工作的开展。

### （二）重视美育（20 世纪 90 年代）

在 20 世纪 90 年代，美育不但是全面发展教育方针中的一个重要组成部分，同时还是社会主义精神文明建设的一个重要组成部分，并且还得到了国家各级领导的关注与重视，尤其是中央领导同志的重视，还被列入了国家的有关文件当中。

《中华人民共和国未成年人保护法》是在 1991 年 9 月 4 日的第七届全国人民代表大会常务委员会第二十一次会议上被通过的，里面的第十三条规定明确指出：学校应该对国家的教育方针进行一个全面的贯彻和实施，让未成年的学生得到德智体美劳这五个方面的教育，同时也要指导学生相关的社会活动，进行有关青春期的一些教育。

由国家教育委员会在 1992 年 3 月 14 日发布的《中华人民共和国义务教育法

实施细则》里面的第十九条规定："义务教育的实施应该要贯彻落实国家的有关教育方针，并且要时刻坚持社会主义方向，在教育的过程中要和生产劳动相互结合，让学生接受德智体美劳全面教育。"

1993 年 2 月 13 日，由中共中央、国务院印发的《中国教育改革和发展纲要》提出"中小学要由'应试教育'转向全面提高国民素质的轨道"，并指出"美育对于培养学生健康的审美观念和审美能力，陶冶高尚的道德情操，培养全面发展的人才，具有重要作用。要提高认识，发挥美育在教育教学中的作用，根据各级各类学校的不同情况，开展形式多样的美育活动"。

1995 年 3 月 18 日，第八届全国人大第三次会议通过的《中华人民共和国教育法》第五条规定："教育必须为社会主义现代化建设服务，必须与生产劳动相结合，培养德、智、体等方面全面发展的社会主义事业的建设者和接班人。"

教育部于 1998 年 12 月 24 日制定，国务院于 1999 年 1 月 13 日批转的《面向 21 世纪教育振兴行动计划》规定："体育和美育是素质教育的重要组成部分，要加强体育和美育工作。"

1999 年 6 月 13 日，中共中央、国务院印发的《关于深化教育改革全面推进素质教育的决定》指出，实施素质教育就是全面贯彻党的教育方针，以提高国民素质为根本宗旨，以培养学生的创新精神和实践能力为重点，造就有思想、有理想、有道德、有文化、有纪律的德、智、体、美、劳全面发展的社会主义接班人和世界建设者。学校教育不应该指重视某一方面的发展，在教育的过程中不但要抓好智育，也要对德育进行重视，与此同时也要对体育、美育、劳动技术和社会实践进行一个强化，使得各方面的教育都能够相互渗透，并且相互协调，实现学生的全面发展和健康快乐的成长。美育在陶冶情操、提高素养等方面是具有促进作用的，同时还可以帮助学生开发智力，成为推动学生的全面发展中不可或缺的一部分。对此，各所学校都应该对学校的美育工作进行改革，尽快对美育工作中的薄弱问题进行解决，彻底将美育这一学科融入学校的教育全过程中。

除此之外，中小学要对音乐、美术课堂的教学进行加强。课外文化艺术这一类的互动应该是丰富多彩的，这有利于学生充分体验美感。在此过程中，地方的相关政府和有关的部门要创造更多有利于学校开展美育教育工作的条件，对文化经济政策进行不断的改善和优化。

### （三）强化美育（21世纪初）

进入21世纪，我国对新一轮的基础教育做了一次改革，使得学校的美育得到了强化。

2001年5月29日，国务院公布的《关于基础教育改革与发展的决定》第17条规定：想要实施素质教育，一定要全面贯彻党的教育方针，并且要严格落实中共中央、国务院颁布的《关于深化教育改革全面推进素质教育的决定》，拥有端正的教育思想，根据实际的情况进行教育观念的转换，为促进学生的全面发展和终身发展打下牢靠的基底。在实施素质教育和推动学生全面发展的过程中，需要让时代要求得到充分的体现。要让每一位学生都怀有爱国主义、集体主义精神，时刻保持对社会主义的热爱,让中华民族的优秀传统和革命传统得到继承和发扬。

2010年审议并通过的《国家中长期教育改革和发展规划纲要（2010—2020年）》中提出"全面加强和改进德育、智育、体育、美育"的战略方针，要求坚持文化知识学习与思想品德修养的统一、理论学习与社会实践的统一、全面发展与个性发展的统一，加强美育，培养学生良好的审美情趣和人文素养，促进德育、智育、体育、美育有机融合，提高学生综合素质，使学生成为德智体美全面发展的社会主义建设者和接班人。

党的十八大以来，美育的普遍性作用和意义得到高度重视。学校美育全面加强和改进，学生审美和人文素养不断提高。美育本质上是全民性的，要以德铸美，以美铸品，就必须加强全民美育。

一是把握正确政治方向，确立根本工作目标。美育工作要始终与党的教育方针保持一致，坚持立德树人，与当代中国文化相适应，同现代社会相协调，将社会主义核心价值观融入全民美育的各方面、各环节，将美育上升到全面育人高度来认识和实施。同时，以培养担当民族复兴大任的时代新人为目标，赋予当下美育工作以时代内涵和精神价值，激发美育工作者的创造力，让未来涌现出更多德才兼备、审美素养深厚的社会主义建设者和接班人。

二是完善全民艺术素质教育。学校层面，在推进精品艺术教材出版、丰富艺术课程门类的基础上，加强师资建设。社会层面，各级博物馆、图书馆、美术馆、文化馆、音乐厅、戏院剧场等公共文化机构都是社会美育的重要平台。这些平台应和学校携手，成为美育的课堂，构成全民美育系统。此外，还要重视对群众审美能力和价值观的引导，加强社区这一社会美育重要阵地，如借助社区公益广告进行美育宣传。充分利用社区平台，发挥其覆盖面广、受众多、传播性强的优势，让经典文艺作品走进社区，在家门口服务群众、引导群众。

三是资源融合发展，不断利用新技术、新方式和新渠道来创造美、传播美。充分发挥新媒体的作用，特别是用年轻人喜欢且易于接受的方式传播经典艺术。为文艺工作者和非遗传承人走进校园提供条件，利用社会资源拓展美育资源。在审美诉求日益成为产品高附加值的今天，通过高水平、接地气的设计，改善城市、社区、村镇、学校的公共环境。

四是加强理论研究，推进与美育相关的制度建设。大力培养基层公共文化管理人才，树立家庭美育意识等，都需要通过深入理论研究，为全民美育做好制度建设储备。

中共中央办公厅在 2013 年 12 月印发的《关于培育和践行社会主义核心价值观的意见》中特别强调，要对社会主义核心价值观的宣传工作进行加强。同时里面也指出，要使精神文化产品能够育人化人的功能得到充分的发挥。对于一切有关文化的产品、服务、活动，都需要弘扬社会主义核心价值观，向人们传递对积极人生的追求和高尚的思想境界、健康的生活情趣。让文化产品的思想、艺术品位得到提升，用一些具有思想性、艺术性、观赏性的优秀文化作品来弘扬真善美。要重视对新型文化业态和文化样式的指导，适当加大对它们的指导力度，使得更多类型的文化产品能够成为弘扬社会主义核心价值观的生动载体。大力推广优秀文化产品，多开展一些能够让优秀文化产品得到展示的活动和能够对经典作品进行阅读的相关活动。

2014 年 3 月，教育部在印发的《关于全面深化课程改革 落实立德树人根本任务的意见》（简称《意见》）中，提出全面深化课程改革的工作目标："高举中国特色社会主义伟大旗帜，推动社会主义核心价值观进教材、进课堂、进头脑，着力培养学生高尚的道德情操、扎实的科学文化素质、健康的身心、良好的审美情趣，努力使学生具有中华文化底蕴、中国特色社会主义共同理想、国际视野，成为社会主义合格建设者和可靠接班人。"随后，教育部基础教育二司负责人就该文件答记者问，在谈到新时期如何立德树人时，他指出立德树人的内涵非常丰富。根据新时期的特点，《意见》在要求培养学生高尚的道德情操、扎实的科学文化素质、健康的身心、良好的审美情趣的同时，突出强调要使学生具有中华文化底蕴、中国特色社会主义共同理想和国际视野，力求使立德树人的方向性、民族性和时代性更加鲜明。

2015 年 9 月，国务院办公厅下发《关于全面加强和改进学校美育工作的意见》。该文件指出，美育就是关于审美的教育，同时也是情操、心灵教育，它不但可以让人们的审美素养得到有效的提高，还在不断地影响着人们的情感、气质、胸襟和趣味，能够不断地激励人的精神，温暖人们的心灵。美育与其他的教育是相辅相成的，互相具有促进作用。

党的十八届三中全会为美育教学的全面改进做出了一个重要的部署，同时国务院提出了要加强学校美育的要求。经过各地区、各部门对学校美育工作的巨大努力，学校美育有了一个较大的突破，在提高学生审美和人文素养、推动学生全面发展的过程中起到了非常重要的作用。但是综合来看，美育依旧属于教育事业中相对薄弱的一个环节，最主要的表现就在于很多的地方和学校对于美育育人功能的不熟悉，美育素养有待提高，重视部分而忽略了整体，到目前为止还存在着应付、挤占、停上美育课的现象；现有的资源配置又没有达到应有的标准，师资这方面也是比较稀缺的，统筹整合的机制也存在不足。

2020年10月由中共中央办公厅、国务院办公厅印发的《关于全面加强和改进新时代学校美育工作的意见》旨在以提高学生审美和人文素养和弘扬中华美育精神为目标，以美育人、以美化人、以美培元及把美育纳入各级各类学校人才培养全过程。

《关于全面加强和改进新时代学校美育工作的意见》对新时代学校美育工作的总体要求主要体现在以下四个方面：

一是强调重要意义。强调美是纯洁道德、丰富精神的重要源泉，从审美教育、情操教育、心灵教育、丰富想象力和培养创新意识的教育四个维度进一步强调美育的价值功能。

二是明确指导思想。明确以立德树人为根本，以社会主义核心价值观为引领，以提高学生审美和人文素养为目标，弘扬中华美育精神，以美育人、以美化人、以美培元，把美育纳入学校人才培养全过程，贯穿学校教育各学段。

三是确立工作原则。《意见》确立了美育工作坚持三项原则："坚持正确方向"——引领学生树立正确的历史观、民族观、国家观、文化观，陶冶高尚情操，塑造美好心灵，增强文化自信。"坚持面向全体"——健全面向人人的学校美育育人机制，缩小城乡差距和校际差距，让所有在校学生都享有接受美育的机会。"坚持改革创新"——全面深化学校美育综合改革，形成充满活力、多方协作、开放高效的学校美育新格局。

四是确定主要目标。按照2022年和2035年两个重要时间节点提出目标要求。到2022年，学校美育取得突破性进展，育人成效显著增强。到2035年基本实现社会主义现代化时，学校美育基本形成全覆盖、多样化、高质量的具有中国特色的现代化学校美育体系。

# 第三节　美育的性质、特性和功能

## 一、美育的性质

### （一）作为感性教育的美育

1. "感性"的定义

审美教育和人的"感性"有着既直接又内在的关联。要了解审美教育是什么，首先要对"感性"有所了解。

在古代汉语中，"感"的基本含义有两层：其一，"格也，触也"，即人的第一信号系统对外物的感知；其二，"感者，动人心也"，即感就是心有所动。这里，"感"既是一个生理过程，又是一个心理过程。"性"的含义则很复杂。作为一个哲学范畴，"性"在中国主要指本能、欲望和情感，所以，古人说："生之谓性。"至于"感"和"性"合而为"感性"一词，古代汉语中没有这种用法，它是一个源于日语的借词，主要指感性认识，即认识的初级阶段，与理性认识相对。

在西方，英语中"感性"（sensuousness）与"肉欲"（sensuality）具有相同的词根，即 sens；在德文中，"感性"与"肉欲"仍是同一个术语Sinnlichkeit，它既指本能的（特别是性欲的）满足，也指感性知觉和表象（即感觉），它是一种低级的、混乱的、含糊的认识。

综上所述，所谓"感性"即人生之所以然者，它包括人的本能、欲望、感觉和情感，它是人性的一个重要方面。

2. 美育与"感性"

"美育"是从德语"asthetiche erzeihung"或英语"aesthetic education"译过来的，其中"asthetiche"和"aesthetic"的本义是感性的、情感的，这就是说，"美育"的本来含义是感性、情感的教育。虽然美育这个词的内涵在西方和中国都有了发展和变化，变得更为丰富了，但"感性教育"仍是它最基本、最具特征性的含义。

从总体上说，审美是感性与理性相平衡的，美育也是感性与理性、情感与理智相协调的教育。然而，相较于其他的教育形式，美育比较注重感性和情感这两个方面，这也是它具有一些特殊性的原因。由于科学主义和理性主义的不断影响，个体的成长在我们的教育理念和发展心理学中被描述成主要是由感性向理性、从具象到抽象的一个过程，导致我们都形成了一个错觉，就是把教育的最终任务当成是推动人的理性发展和对人的思维潜能的开发。对于这种教育观念而言，这种理解是比较片面的。个体的成长的确是从感性到理性的一个发展过程，同时提高人的理性发展也是教育的重要任务之一。然而，不同的是，人主要是感性与理性的统一体，对于人的发展来讲，应该是把全面和整体当作发展的目标，通过教育对人的理性能力进行培养的同时也不能够抛弃和忽视培养感性能力。基于以上的原则，教育具有理性也存在感性。但是目前有很多学校在教育这一领域往往忽视要对学生的感受力进行发展，与此同时，美育也同样被忽视了，或者是将原本就偏重于感性和情感的美育，直接归入强化理性的教育轨道上，这种做法不符合美育所具有的特殊性。

对于人的感性要求而言，不能对它进行否认，同时也不能对其放任不管。如果想要让接受教育的人能够健康成长，值得注意的是不能够去对感性进行压制，要适当地抒发感性，所得到的发展才是健康的。而美育的主要作用就是避免过度压制理性和忽视感性发展的情况，把那些比较麻木、迟钝的人从这一状态中解脱出来，让他们的感性恢复到敏锐、生动和丰富的状态。

### （二）作为趣味教育的美育

美育不仅是感性教育，而且还是一种趣味教育，它在今天应该承担起也能够承担起引导趣味的时代使命。

#### 1."趣味"的界定

我国古代很早就出现了用味觉来类比审美感受的说法。例如，春秋时代的晏婴就用羹来讨论"同"与"和"的区别，并认为"声亦如味"，各种音乐要素"相成""相济"，如"水火醯醢盐梅，以烹鱼肉"那样，达到五声之"和"。魏晋之后，"味""滋味""韵味"等概念被用来形容艺术作品的某种审美特性和风格类型。同时，审美欣赏也具有了咀嚼品味的意义。审美既为品味，必有不同的偏好。例如，钟嵘首推五言诗："五言居文词之要，是众作之有滋味者也。"这体现了对某种文体的偏爱；司空图虽列出了"二十四诗品"，但他最推崇的是"冲淡"一类，体现了追求淡远、含蓄、于自然平和中见深邃意蕴的审美趣味，这也就是他所追求的"韵外之致""味外之旨"。所以，他提出"辨于味，而后可以言诗"，不仅是要求对诗作审美的品位，而且意味着追求一种独特的审美类型或风格。至此，"味""滋味""品味"，作为一种审美的概念，已不同于单纯的味觉意义了。

在西方，作为美学概念的"趣味"一直具有审美鉴赏力的含义，意指一种辨别、选择、判断与享受审美对象的能力。从罗马时代开始，西方一向把审美能力称为趣味，特别是在十七、十八世纪，西方人谈"趣味"几乎成为风尚。概括起来，这个美学概念有这样两方面含义：一方面指审美的偏爱或风尚；另一方面指审美能力。这里又有两层含义，一层含义是指对美的辨别力或敏感性，另一层含义是指审美地判定对象的态度或意向。

总而言之，趣味其实就是人在进行审美的时候所显示的心理定式，对于物品的取舍主要是通过自己的喜好来进行评价的。它的具体表现包括了个体的审美与偏爱，同时也可以表现为在一定群体当中的一些审美倾向。往更大的层面意义上讲，趣味不只局限于审美运动；从本质上看，个人的趣味和他人的生活态度、人生价值观有密不可分的关系，他人的基本生活价值取向能够决定一个人到底喜欢什么、排斥什么。所以，趣味教育同时也是属于一种人生教育。

2. 美育与"趣味"

所谓"趣味教育"，就是指针对人的趣味所做的引导工作，即将人的趣味从低级引向高级。在这个意义上，审美教育与人的趣味之间存在着十分密切的关系。

从上面对"趣味"的分析中可以知道，"趣味"其实跟人的感性具有一定的关联，如果人没有真实的情感，那就不会有趣味的产生。所以对于趣味的引导，需要从它的根本上进行，也就是说从感性开始做起。如若感性只停留在兽性或者是停留在生物学水平上，那毫无疑问，趣味所属的等级只能是低级的。所以，美育作为一种感性教育，同时也就是一种趣味教育。

3. 趣味教育的意义

今天强调美育是趣味教育，有重要的现实意义。首先，从趣味的形成可以知道，趣味并不是天生的，而是环境和文化的产物。美学家朱光潜说："趣味无可争辩，但是可以修养。"其次，从趣味的性质来看，它也有高下之分、美丑之分、善恶之分，正如梁启超所指出："趣味的性质，不见得都是好的。"因此，趣味也很有教育和引导的必要。

从作品的趣味性进行分析，趣味和人生的关联也是非常密切的。趣味不仅能够对人们的生活品质产生影响，同时也影响着他人对生活的一些评价。如果这个趣味是好的，那么人对生活的评价也是幸福快乐的，反而言之，那就会使人对生活做出一些相对比较消极的评价，所以趣味也是人生的重要组成因素。梁启超也对趣味做出了一些相应的评价，他认为趣味是生活的原动力。趣味是活动的源泉。趣味一旦枯竭，那么活动势必会随之停止。就好比机器房中如果没有了燃料，那么它也不能发出蒸汽，尽管它的机器非常大，但是没有燃料，它什么都干不了。在停止工作之后，机器最后还可能生锈，并且会产生大量的有害物质！人类如果没有了趣味，那人活着就好比行尸走肉一般，假如全社会都变成这个样子，那这个社会就变成了一个痨病的社会，很早就已经被判死刑了。趣味是生活的原动力。如果趣味完全消失，那么生活就变得毫无意义。朱光潜先生也说，趣味的功用"不仅在消愁解闷，不仅是替有闲阶级添一件奢侈，还在于它使人到处都可以觉得人生世相新鲜有趣，到处可以吸收维持和推展生命的活力"。由此可知，在那些思想家的观念里，趣味对于人生来讲是至关重要的。中学阶段进行趣味教育是非常重要的。趣味教育对人生的中学生阶段尤其重要，因为"人生在幼年青年期，趣味是最浓的，成天价乱碰乱进，若不引他到高等趣味上，他们便非流入下等趣味不可"。

在近几年里，大众文化逐渐兴起，使得那些比较无聊且庸俗的文化消费品也有了一定的发展趋势，这对于中学生而言是一件非常不好的事情，因为它会对中学生的趣味养成有一定的消极影响。简单来讲就是审美趣味的负面发展主要有两个特点：享乐化和肉体化。"享乐化"，简单而言就是指人生唯一的目标就是享乐，只追求当下的快乐，对身边的一些具有精神性和超越性的东西完全不感兴趣；也就是说对物质生活的需求非常强烈，但是对于精神世界的追究就非常黯淡；把更多的注意点放在了外表上，往往忽视了内心的修养。还有上面所说的"肉体化"，指的是单纯地去追求来自感官上的刺激，显而易见，这种趣味往往停在了生理这一层面上，只需要进行发泄，并没有考虑到精神上的升华，从而导致文化生活的水平逐渐降低。因此，所带来的这些消极影响会明显降低人们的文化生活水平。所以，需要我们对美育和趣味教育进行强化，这是至关重要的。

## 二、美育的特性

### （一）形象性

美育的形象性是和智育的抽象性相对而言的，也是由美的形象性所决定的。美是直接的感知，是对那种浮现在眼前的形象的直觉把握。例如，大自然中的高山流水、苍松翠柏；文学中的唐诗宋词和古希腊神话；绘画中的万马奔腾、齐白石的虾、西方蒙娜丽莎、米罗岛的纳维斯等均以生动多彩多姿的美的形象，唤起我们的审美情感，使我们获得审美愉悦和审美享受，从而实现审美教育的目的。

### （二）趣味性

美育的趣味性是指美育的进程对受教育者应具有的吸引力，使他始终对审美的创作与欣赏保持着浓厚的兴趣。从主题方面看，美育的趣味性源自美对于个性差异的充分尊重，但这并不意味着放纵或容忍，而是一种积极的意义，它意味着满足每一个受教育者的个性情感生活需要，鼓励学生个性和独创性的充分发展。从对象方面看，美育的趣味性来自美育的感性、形象性，美育进程始终伴随着生动可感的形象、始终伴随着对生动形象的体验。

### （三）情感性

美育的情感性也是以审美形象诉诸人的感官，从而激起人的情感体验，以陶冶情操、涵养性格，从而完成和谐健全人格的建构，最终提升人生境界。例如，席勒把美定义为"活得形象"，车尔尼雪夫斯基提出"美是生活"，其本意也是指美是生命的形象，他们的观点虽各有不同，却都充分肯定了生命对象的美的本质。由此可见，美育的形象性和趣味性是指情感的形象化表现与体悟。审美对象在本质上是情感生命的形式，它直接诉诸我们的审美创造力和欣赏力。

### （四）精神性

美育的精神性是指在审美教育中，虽然以审美形象诉诸人的感官，以情感体验感染激发人的心灵，但是美育的最终指向却是人的精神领地，而不是停留在感官享受上，更不是引向物质欲望追求上。例如，当我们惊叹于哥特式教堂的高耸入云时，并不因为它能够提供给我们宽敞的住宿；当我们沉浸于《二泉映月》时，并不因为乐曲中流动的泉水能够止渴；等等。当我们面对这些让人沉醉的美时，我们感受到的是精神的震撼，得到的是灵魂的陶冶与净化。

### （五）全面性

美育的全面性并不是美育可以独自担负起促进个性全面发展的任务，而是指美育在促进个性审美的发展的过程中，内在地包含着对个体诸心理功能与意识的全面开发，并使它们处于相互协调平衡的状态。其实审美本身就是一种高度复杂而综合的活动，它涵盖了极为广泛的生理、心理领域。德国古典主义哲学创始人康德（Immanuel Kant）就把"审美判断"说成"在心里诸能力的活动中的协调一致的情感"。

# 三、美育的功能

## （一）美育与教育

### 1. 美育在普通教育中的地位与作用

在普通教育系统中，美育是其中的一个重要组成部分，只要是把全面发展当成教育目标的都脱离不了审美教育这一重要过程。与此同时，美育能够将现代教育的目标和宗旨完全体现出来，它的基本职能主要是个体的平衡发展和健康成长，主要目的是塑造人格和情感，还要实现人的全面发展。因此美育属于普通教育当中的一种特殊的形式，并且在普通教育当中的地位也是非常高的。

将美育的人文性功能用到教育这一层面上，其实就是强调教育智能的完整性和人的全面发展。与这种价值目标相联系，美育的人文性作用具体化为两大功能性原则，即整体协调原则和素质教育原则。所谓整体协调原则，是指如果从教育应当培养全面发展的个性来考虑的话，那么，美育为受教育者各种能力的充分发展和平衡协调提供了基础。美育的目的不是单纯地促进某一种心理功能的发展，而是通过在内心中达到审美状态而使各种心理功能达到和谐，即通过美育使受教育者具有协调和谐的心理状态与人格状态，从而为各种能力的高度发展和充分协调提供基础。另外，美育的整体协调作用还在于，它与德、智、体三者之间有内在联系。美育向德育、智育和体育的渗透，以其综合协调性促进道德、智力和体质的发展，以增强不同教育行为的相互呼应与补充，最终体现现代教育职能完整性的实现。所谓素质教育原则，是指如果从教育应当开发人的各种潜能，使之充分而全面发展的意义上来考虑，美育则以其开发潜能的直接性和完整性成为教育的基础。美育过程涉及受教者整体人格的诸方面，并内在地包含着对个体心理功能与意识的全面开发，使人的感性与理性、意识与无意识、生理与心理、情感与精神处在一种和谐统一与不断更新、创造的状态中。所以说，美育在当代教育工程中并非可有可无，它在实现人的现代化的过程中，同样负有十分重要的历史责任。

### 2. 美育与德育

美育与德育虽然同是整个教育系统中的重要组成部分，但美育具有不同于道德实践的独特规律和价值。审美与道德的差别决定了美育与德育的差别。德育是培养学生思想政治观点与道德品质的教育，其特征和作用是将一定的社会行为准则和观念意识内化于受教者的思想、行为之中，以促进受教者自觉服从普遍的社会道德秩序和准则，成为一个有道德的人。

德育同美育既有区别又有联系。从性质上说，德育是一种规范教育，它注重发展受教育者的意志约束力，带有一定的强制性；而美育则是一种自由的感性教育和人格教育，它注重发展受教育者的审美感受力、创造力，使个性得到和谐而自然的发展。从方式上说，德育是一种理性的说教和灌输，尽管也可以采取一些生动活泼的形式，但它终究是理性化的，受教者也基本上处于被动地认识与接受的位置；而美育则是一种感性的引导和诱发，主要靠受教育者的人生体验与领悟，从趣味满足中获得认同和教益。从功能意义看，德育偏重于培养社会人格，以铸造人的理性自觉和遵从意识；而美育则偏向于培养个性人格，发展个体丰富的情感结构，养成人的自发性与创造性。

尽管德育与美育有不同的教育性能与目的，但是，二者之间也有一定的内在联系。在人的理想教育和人生观的形成方面，它与德育有着相同的价值内涵。更为重要的是，美育的实施过程更偏重于培养高度的道德自觉性，使他律转化为自律。孔子所说的"知之者不如好之者，好之者不如乐之者"，正是要求把道德意识和修养转化为个体的自觉要求，使人从内心深处自发地实践伦理原则，以达到"从心所欲不逾矩"的境界。

美育过程所内含的道德修养和理想教育的功能，对新的历史时期的德育实施来说，具有深刻的启发性和特殊的促进作用。从美育的角度去理解和思考德育，即如何把理性的灌输转化为理性的自觉，把德育实施中人格的被动接受转化为主体自觉的认同，似乎是当代德育实施的核心和难点所在。道德教育要适应新的时代要求，首先应当引进美育的情感体验机制，把德育也作为一个情感问题来对待，让受教者在情感的感染和熏陶下，不断增长对道德感的自觉意识，促使道德教育把一种普遍的社会道德要求逐渐转化为个体的情感要求。这样，就可以克服道德说教的强迫性和灌输性，克服道德教育在内容和形式方面的某些缺陷。人类的教育实践表明，只有建立在自觉接受和积极认同基础上的道德修养，才是比较全面和稳固的。其次，德育基本上是一种由外而内的灌输，目的是在个体内心建立起道德的自觉和约束力，受教育者很容易处在一种被动接受的位置上，其心理状态常常是消极的。这就要求在德育过程中注意激发学生的兴趣和能动性，变消极被动为积极主动。在这方面，借助美育的手段，使学生在生动形象、愉悦有趣的活动过程中受到道德的教育。

### 3. 美育与智育

美育与智育的差别在于，智育是促进智力的教育，包括知识的积累和智力的发展；美育则是情感教育，旨在培养审美能力，促进情感的表现和升华。从最基本的意义上说，二者的区别主要有以下两点。

第一，教育的内容和目的不同。智育过程是知识的教学过程，它以知识传授为依据，例如公式、定理、概念、定义、法则以及判断和推理等过程和环节，其目的在于促进学生掌握科学文化知识与技能，发展受教育者的智力结构。它与受教育者的生命要求和情感需要并无直接的关联。美育主要是一种培养审美能力，使学生的情感得到表现和升华的过程，它以感性的审美对象和审美形式为根据。美育也包含知识的教学，但这不是最主要的，其主要目的是培养审美能力、陶冶情感。由于美育过程以受教育者的自发性为基础，因此它能直接满足个性生命的发展要求。

第二，智育的任务是促进观察力、想象力和思维力的发展，其中以促进逻辑思维能力的进步为核心。瑞士儿童心理学家让·皮亚杰（Jean Piaget）的认知发展理论比较深入地研究了逻辑思维能力的发展特征，这种研究的结果表明，逻辑思维能力的发展是一种抽象力的进步，是智力从具体表象向抽象逻辑的发展。这个过程与审美能力的发展有质的区别。美育始终不能脱离激发美感的感性世界，审美能力的发展虽然需要知识的辅助，但它在本质上不是由具体表象向抽象逻辑的发展，而是愈来愈深入具体的感性形象中去。逻辑思维能力与审美能力的这种不同的发展方向，决定了智育与美育之间的重要差异。以发展逻辑思维能力为主要目的的智育，注重培养学生的逻辑判断和推理能力，有一个逐渐摆脱认识中的主观性、增进客观性的过程，它对情感和想象力的发展往往有抑制作用，而且，情感和感受力的退化还会危及理智本身。因此，无论是从智力的发展还是从个性的全面发展来说，美育与智育的结合是必不可少的。

### 4. 美育与体育

体育作为普通教育的一个组成部分，是培养全面发展的个性的一个重要方面。它的主要目的是通过身体的教育，增进健康，增强体质，发展体能。与德育、智育和美育相比，体育偏于身体方面，是促进身体发展的重要教育实践。所以，一般都把德、智、美划为一类，称为心的教育，把体育单独列出来，称为身体的教育。近代学者王国维在《论教育之宗旨》一文中，便是如此分类的。但是，正如不能把身与心决然割裂一样，体育与德育、智育、美育是不能完全分离开来的。在确认体育的独特性质和功能的同时，还应当看到身体发展与精神发展的联系，看到二者相互制约和相互促进的关系。体育不是无关精神的身体教育，它是包括身体在内的人的全面教育。自觉地把促进精神的发展作为体育的内在功能，有意识地把身体的发展与精神的发展有机结合起来，这是现代体育的发展趋向。

体育与美育之间有许多共同之处。首先，体育与美育以活动本身为目的，即体育和美育的教育过程本身就是一种生命活动，它本身就是目的。如果说，道德活动和认识活动是以目的的实现为满足的话，那么，体育活动与审美活动的满足在于活动过程本身。其次，体育与美育都是人的身心全面投入的活动。在体育活动中，身体的运动促进着心理方面的发展和提高；在美育活动中，情感活动也有利于生理和心理的发展。身心全面协调发展的教育理想是体育与美育实践的基本前提和共同的基础，二者都直接体现了培养全面发展的个性的现代教育宗旨。

5. 美育与劳育

针对中学生的审美心理发展而言，劳育过程对于他们来说是一种相对比较重要的活动方式。它跟我们日常所说的从事物资生产活动并不是一个性质的，而是指某种物质和精神的相互协调、相互结合的活动；它跟一般的艺术欣赏和体验也有所不同，它是一种主动参与投入，并且使亲历性得到突出的活动。对此，如果是从全面发展意义这一层面来讲，那我们就不能将劳育视作日常简单的活动来对待，然而，需要在实践的基础上重点关注学生的创造性行为、艺术性趣味，引导学生去发挥自己的想象力，尽可能地让学生自己全身心投入和积极参与。劳育过程中的设计、制作和自发性的创造，对于发展中学生脑与手的协调性，培养他们自觉的审美意识和审美感知能力，具有十分积极的作用。而且，劳动制作与中学生的学习和生活密切相关，他们从中能体验到创造的艰辛与快乐，也能观照到自己的智慧、情感和才能，直接地享受到自己劳动的成果。这对于激发他们的审美创造兴趣和热情，培养他们热爱生活和劳动的情操和情趣十分有利。

## （二）美育与社会发展

肯定美育在普通教育中的基础地位，是就美育较为广泛地体现了教育的性质和意义，对中学生的全面发展所具有的实际影响而言的。然而，中学生的成长并非学校教育本身所能完全代替，它与个体自身的成长规律，以及个体赖以生存的社会环境密切相关，因而，了解美育对培育社会文化环境、完善人与人之间的关系所具有的特殊作用，无疑有利于学校美育的深入发展。

1. 美育与个体的发展

美育对个体的内在教育功能主要体现为促进审美情感自我的成长。审美情感自我属于个体生命的情感方面，是个性人格结构的一个组成部分。作为情感生命，它构成了人之为人的重要方面；作为个性自我，它呈现出我之为我的独特性质。因此，审美情感自我的成长对于个体的生存与发展、对于个性人格的形成均具有重要意义。

2. 美育与个体的社会化

美育在促进个体全面发展的基础上，也促进个体社会性的发展，两种作用是有机统一的。事实上，任何个体的发展都是在与社会和自然的相互作用中进行的，个体人格中的个性方面与社会性方面也是在相互作用中形成和不断完善的。因此，一种完整的审美教育，必须使这两种功能达到内在一致。

个性的审美表现寓于社会性的相互作用之中。作为人与社会的一种关系，社会情境是情感活动的场所，在社会情境中，个体的情感体验总是处于与他人相互作用的过程中。美育活动离开了与社会生活的内在联系，个体审美能力的发展便失去了存在的根基和活力。

3. 美育与人际关系的美化

在社会范围内，通过艺术和审美的手段，不断促进人际关系的完善化和完美化，无疑是美育活动最显著的社会功能之一，它体现了"按照美的规律来塑造"的理想原则，符合人类发展的内在规定性，而要达到这一目的，应提倡和实施爱的教育。

审美的人际关系是一种爱的关系，美育过程中人与人之间的沟通与理解是爱的实现。爱作为一种社会关系，标志着人与人之间关系的和谐与协调，也充分体现了中国传统文化和审美特有的功能与性质。如孔子所强调的"仁"，从审美教育的角度看，就是爱人和"仁爱"。实际上，爱的实现不仅在道德领域，而且在一切艺术活动领域内都有唤起人类爱心的可能。美育作为一种爱的教育，能自觉地培养中学生自爱与爱他人，以及爱团体、爱学校、爱社会、爱祖国、爱自然、爱人类、爱和平的情感态度。这种态度是一种积极进步的人生品质，它不仅包含道德境界的升华，使人享受到极大的精神愉悦，即"仁"与"乐"相互沟通，从爱的体验中获得审美的共鸣和喜悦；而且，爱的实现也能达到一种"和"的境界，即建立人与人之间、人与天地万物之间的和谐。总之，美育所陶冶和培养的爱的态度，是一种注重心灵塑造、无直接功利目的的审美态度，它能克服因物质欲望和现实功利所带来的人际障碍，培养起个体的一种对生命、对社会、对自然更加热爱的人生态度。在这种独特的体验中，爱的需要、爱的能力和爱的自觉意识可以得到发展和完善。所以，学校美育应加强关于爱的价值的审美引导，以更好地发挥美育的这种内在的功能。

爱的教育作为美育社会性功能的体现，也具有不同的形式和途径。从爱自己、爱他人、爱人类开始，促使人与人关系的完美化，这是美育的社会性功能实现的目标之一。爱的教育可以培养学生广义的同情心和爱心，有利于学生的相互依存、合作和交往等社会特征的形成。一种文化形态下人与人之间的关系状态如何，也决定了该文化的先进程度与文明程度，是一种理想的文化人格确立和实现的基本保证。随着我国市场经济的发展，人与人之间的关系也出现了不同程度的商品化倾向；现代生活方式的产生和发展，也大大减少了人与人之间的直接交往。因而，通过美育活动中爱的引导和教育，能够恢复人与人之间的友爱关系，培养和保护中学生爱的天性。我们可以通过不同形式的美育活动，培养学生的公民意识和权利义务意识，使他们从小建立关于社会、国家与集体的观念，克服极端的自我意识。此外，公民的责任感与义务感，爱国主义的思想与精神，民族的自豪感和自信心等，既需要从德育教学中去获得，也需要以审美的教育方式去实现。我们可以从爱动物、爱环境、爱大自然的一草一木开始，促使人与自然关系的美化，使中学生拥有对大自然的热爱之心和平等意识，从小培养他们的"生态意识"。中国古代的美学家在自然万物面前，始终具有一种博大的胸怀，具有一种仁厚之心。人与自然之间的关系之所以重要，不仅因为它构成了人类生活与生存所必须依赖的基本物质条件，而且也因为它构成了人类社会与人自身发展的基础性前提。审美教育的实施也应当自觉地把自然界当作审美对象来看待，从对自然的观照、体验和感受中，激发人类对自然美的喜爱。优美的山野令人心旷神怡，它使我们的精神从人生的忧愁中解脱出来，赋予我们勇气和希望。奔流不息的大河，使僵化的思维活跃起来，得以扩展死板的思维范围。郁郁葱葱的大森林还诱发出对万象之源——生命的神秘，唤起对生命的尊重意识。这意味着，人与自然关系的美化，对于培养人们的审美心胸和高尚情怀，对于人们健康人格的形成，具有一种不可替代的作用。

### （三）美育与现代文明

#### 1. 美育与物质文明

物质文明是人类全部文明的基础，它是人类创造力及其成果的能动体现。人类的物质活动是一个无限发展的过程，这一活动系统的不断扩大与发展，影响了物质文明的不断变化，从而引起文化结构的不断更替和发展，整个物质活动的系统结构中蕴藏着向更高级的人类生活系统——艺术文化系统转化的内在动因。而现代物质文明形态的实现，紧紧依附于新的创造主体的生产。因此，当代学校教育除了完成科学知识的传授外，还应充分发挥美育的特殊功能，积极培养中学生的创造力、探索欲望和好奇心，为物质文明的发展提供新的生产主体。

2. 美育与精神文明

精神文化或文明，作为人类以意识、语言、想象和思维等观念形式对外部世界自觉反映和把握的结果，直接产生于人类的科学认识、意识形态以及审美活动和艺术生产等过程，其实质正体现了人类在追求真、善、美的过程中所积累起来的精神成果。它一方面表现为科学、哲学、伦理学、美学以及各种艺术作品等思想意识形态，另一方面也表现为一种广泛而普遍的社会观念形态与审美的理想和价值。精神文明建设绝不只是实现一般的社会性规范，追求物质文化形态的丰富多样，更重要和困难的是实现对人类发展的价值目标的自觉，是人在真善美方面的自觉成熟。就实现精神文明建设的根本目的而言，美育可以发挥出独特的功能与作用。

3. 美育与现代科技文明

科学技术能够使人类进步，它的飞速发展为人类的生活带来了极大的改变，转变了人类生活的方式，同时也改变了人类的价值观念，还对人类的审美教育和审美活动产生了促进作用，使得审美教育和审美活动发生了巨大的改变。科学技术的发展速度较快，使得生产力变强，为人类的生活创造了很多的便利，改变了人们的生活。科学技术在人类的各个领域都刻下了深深的烙印，进而渐渐形成了现在的科技文明，它包括科学技术手段、方法、知识、思想、观念以及科学精神等要素。现代科技文明不仅引起人类一般文化结构的变化，也促进深层价值观念的转换，不断为人类社会的现代化提供重要的基础和条件。现代科技文明的核心是现代化，而人的现代化是现代化的基础工程和前提。正是在这种基础工程和前提方面，美育有其自身的特殊作用。

美育具有能够促进人类审美发展的功能，其中主要包括审美的需要、能力和趣味等方面的发展，让人们的审美活动得到开发和拓展，对人的精神成长的整体性和丰富性进行增加。美育活动可以借助一些符合他们发展水平的艺术作品来展开，通过对审美化情感交流氛围的创造来激发中学生对审美产生一定的兴趣，让他们的审美意识得到提高。只要我们从观念、理论和实践诸方面切实解决好中学生的艺术教育和审美教育的具体问题，美育便会成为一种影响和改变人们生存的重要力量。把美育功能引进和纳入教育、社会和文明发展的过程之中，是新形势下的一个重要任务。当代美育应明确新的时代形势和使命，为人的现代化和教育的现代化做出应有的贡献。

# 第二章 文学与审美教育研究

汉语言文学是高校教育体系中的重要学科，审美教育则是汉语言文学课程教学的基本内容与任务目标。审美教育有利于陶冶情操，净化心灵，健全人格，全面提升学生的综合素养。

## 第一节 文学审美教育概说

### 一、问题的提出

20世纪三四十年代，现象学和存在主义文论开始关注读者的接受问题。20世纪六七十年代，出现了解释学与接受理论，这些新理论的出现完成了当代西方文论第二次研究重点的转移，即摒弃了过去只注重"作家—作品"的解读模式，把文本解读的重心转向"文本—读者"，视读者的解读为文本的本体存在，把解读活动作为文本构成的不可或缺的本体层次。

当代文本解读观念的变革，不仅对文学理论产生了影响，还直接影响了以文本解读为核心的中学语文阅读教学。

纵观近年来中国的中学语文课程改革，我们会发现在语文新课标中也出现了与之相应的变化，"发展独立阅读的能力""对文本能做出自己的分析判断""注重个性化的阅读，充分调动自己的生活经验和知识积累，在主动积极的思维和情感活动中，获得独特的感受和经验"等，这些理念所依托的正是半个世纪前就已完成的当代文本解读观的变革体系。当然，今天语文教学的变革者虽然以一种反抗的姿态解构着传统的阅读教学理论和"课程内容"，但我们也应该看到，在新课改的进程中，只是单纯意义上的解构是远远不够的，关键是如何发展学生"独立阅读的能力"，如何引导学生"对文本做出自己的分析判断"，如何调动"学生的生活经验和知识积累"使得他们在个性化的阅读过程中获得

"独特的感受和经验"。这一系列问题在新课标中只是一些模糊空泛的语言符号，学理的论证和可操作性仍待提高，这也就使得我们在打破了旧有的阅读教学理念、教学内容和教学模式之后，却始终没有找到一种教授白话文的有效方式。我们不能仅仅停留在以批判者的姿态来抨击语文课程改革上，更应该以建构者的姿态去解决问题，重构教授白话文的有效方式。在本书中，笔者以新课标中的阅读教学理念为依托，尝试着建立一套崭新的教授文学作品的有效方式，这就是"文学审美教育"。

## 二、文学审美教育的基本要素

中学文学审美教育是美学在中学语文教学中的具体应用。它是中学语文教师以文学文本为媒介，按照美的规律、用美的信息去引领学生与文本产生情感上的共鸣，并领悟文本中潜藏着的艺术美的一种情感教育。

教师、文本、学生是构成中学文学审美教育的基本要素；以文本为依托，以教师为引导，以学生为主体，是中学文学审美教育的基本原则；以艺术审美为着眼点，以情感共鸣为落脚点，以文本美感为分析点，是构成中学文学审美教育的基本方法。

文学审美教育的目的是帮助学生获得美的心灵和高尚的审美情趣，使他们在语文学习过程中逐步形成正确的审美观念和健康的审美品质，把握辨真伪、识善恶、分美丑的正确的审美准则，提高他们的审美素质和审美能力。

# 第二节　文学审美教育的前提和逻辑

## 一、文学审美教育的前提条件

读者鉴赏文学作品，从字面意义上来说显示的是作品与读者之间的复杂关系。这种关系有两个关系项：一是作品，二是读者。作品必须可以被欣赏，读者必须具备一定的欣赏能力，只有当这两个条件同时具备时，作品之被欣赏才有可能。

从作品的角度来看，笔者认为，中学文学教育的载体——中学语文教科书所编选的文学作品要想易于被学生欣赏，就必须使所编选的文学作品具备一定的审美价值和情感上的可传递性。

## （一）教材中的文学作品要具备审美价值

简单地说，作品"就是一个作者通过意念之活动而写下的一组文字"。但是，我们有必要强调一点：并不是所有的"作者通过意念之活动而写下的一组文字"都可以称为文学作品。事实上，只有具备审美价值的那"一组文字"才能被称为文学作品，因为美是文学艺术的基本属性。著名美学家蒋孔阳先生于 1980 年发表了《美和美的创造》一文，提出："艺术的本质和美的本质基本上是一致的。美具有形象性、感染性、社会性以及能够实现人的本质力量的特点，艺术也都具有这些特点，正因为这样，所以我们说，美是艺术的基本属性。"文学作品因其富有魅力的语言艺术、丰富多彩的艺术形象、深刻的哲理与复杂的情感，而使读者在鉴赏文艺作品时获得一种精神上的享受。文学艺术作品的这种使人悦耳悦目、悦心悦意、悦神悦志，以达到身心愉悦的审美效应就是它的审美属性。

当然我们在重新审视古今中外的文学作品时也必须承认，古今中外的文坛事实上也有不少缺乏审美价值的文章，这些文章常常用一些华美的词句和一些富有戏剧性的情节的简单拼凑来吸引读者的眼睛，这样的文学作品可能会给那些为浮躁的现代生活所累的人们带来某种短暂的视觉冲击和感官快感，但是随着时间的推移，这些终会因为其中缺乏作者对世界、对社会、对人类、对生命的思考与认识而被历史遗弃。

## （二）教材中的文学作品要具备情感可传递性

我们知道，一部文学作品只有融入作者一定的情感与意蕴，读者才能有所感应，然而在读者鉴赏文学作品的过程中，并不是所有融入作者情感与意蕴的作品，读者都能做出相应的感应。在具体的教学实践中，要想使作者的意图与学生的感应之间所存在的那条"通道"畅通无阻，除了学生要具备一定的审美能力之外，我们还要考虑到作品的情感可传递性。一部文学作品如果在情感传达上有困难，它与学生沟通的道路也就会被阻断，此时如果我们再来谈鉴赏性阅读、批评性阅读就会显得毫无意义。所以，我们在编选教科书时，一定要注意所选择的文学作品必须具备情感上的可传递性。也许我们所编选的文学作品在传达范围上有大有小即传达的人数上会多少不一，也许我们所编选的文学作品在传达的程度上会高低不同，但即便是传达范围小、传达程度低的文学作品也必须具备一定的条件，这个条件就是在教师的指导与引领下，学生能够跨越"通道"上的阻碍，能够与文本、与作者展开有效的对话。

什么样的文学作品才具备情感上的可传递性呢？笔者认为，能够和读者的文化心理结构对接的文学作品才具备情感上的可传递性，才能引发读者在文学鉴赏过程中与文本、与作者产生"同频共振"。举例来说，五四运动期间部分作家创作的文学作品，正是因为能够和一大批从旧家庭中走出来的"新青年"们的文化心理结构对接，才使这些作品能够得到接受了新思想的学生的积极回应。著名作家巴金在谈到自己阅读《新青年》的感受时说道，我觉得它们常常在说我们想说而又不会说的话。毛泽东在谈到《新青年》对他的影响时也说道，我在师范学校学习的时候，就开始读这个杂志（《新青年》）了，我非常钦佩胡适和陈独秀的文章，他们代替了已经被我抛弃的梁启超和康有为，一时成了我的楷模。

在明白了上述道理之后，我们有必要联系今天学生的文化心理结构来更具体地阐述教科书选文的依据。笔者认为，教科书中所编选的文章要尽量与大部分学生的生活阅历、知识积淀、心理与情感需求、联想与想象力水平、审美趣味、时代背景相吻合，只有这样，才能使文本所具备的情感上的可传递性与当今学生的文化心理结构发生对接，才能使学生猝然而生某种顿悟与会意，跨越一般性阅读（疏通文字，通晓文义），步入给他们带来说不尽的审美愉悦的鉴赏性阅读阶段。

## 二、文学审美教育的逻辑次序

读者阅读文学作品时，会有一系列的主体反应：首先是读懂语言文字，通晓文本原意；其次是读者通过表象的回忆与组合，对文学作品中的审美意象进行再创造，进而体验文学作品中蕴含的情感，并与文本交融契合，产生情感上的共鸣；最后是读者理性地挖掘文本中潜藏着的审美元素。

根据读者在阅读文学作品时所产生的一系列反应，笔者认为，文学审美教育有三层基本逻辑次序：一般性阅读、鉴赏性阅读和批评性阅读。

### （一）一般性阅读

对于一般性阅读来讲，主要是说对文字和文本进行一个熟知和把握的过程。在这些文学作品当中，作者以文字为载体把自己的心灵世界显现在文本中，欣赏者要想走入作者的心灵世界，与作者进行心灵的对话，他们首先要做的就是读懂文字、了解文意。

西方现代文学理论家将文学文本区分为"第一文本"和"第二文本"。所谓"第一文本"，是指作者创作出来的文字制成品，这是文本的物理存在形式；所谓"第二文本"，是指经过读者接受已生成的具有新的意义的文本，这是文本的审美存在形式。一般性阅读虽然是一个相对被动的"非生产性"的阅读过程，但它却是将"第一文本"转变为"第二文本"的必经过程。

让人感到很遗憾的是，有一部分语文教师对一般性阅读的重要性并不是很在乎，往往会将它忽略掉，只是做了一些比较片面的强调。比如在上语文课的时候，教师不管学生是否已经通读过文本，就着急进行情境的设置，营造文本里面的氛围，带领学生对文本进行分析和进行一些拓展。这种情况在对文言文的教学过程中是非常常见的。但是，这种做法跟文学接受的规律并不相符。尽管是在对文本进行二次创造，但是这需要读者在积极参与之前对于文本的了解是足够透彻的。

一般性阅读是读者解读文学文本的必经过程，教师在教学过程中，要把帮助学生领会文本中特殊难懂的字、词、句的基本意思，把握文本的原意放在教学的首要位置。

### （二）鉴赏性阅读

所谓鉴赏性阅读，就是读者（学生）通过凝神观照直接切入文本深层的意蕴世界，进而以丰富的联想和想象与文本达到同频共振的一种阅读过程。

由于欣赏对象（文学作品）的具体情况不同，欣赏者进入的艺术境界也有所区别。对于叙事性作品来说，进入艺术境界是指进入作品所描绘的生活氛围，进入作品所凸现出来的社会及作品人物的心灵；对于诗词等抒情性较强的作品来说，进入艺术境界是指进入作品的意境，直接切入作者的情感世界中。鉴赏性阅读作为文学审美教育的一个阶段，有如下一些特点。

第一，以中断日常心态为心理前提。一个有经验的读者在步入鉴赏性阅读阶段后往往会发现自己在不经意间完成了一种心理的转换，即中断了现实意识而代之以审美意识，由日常心态向审美心态转化。这种转化使得欣赏者发生了一系列微妙的变化：读者会在内心深处暂时摆脱现实功利的束缚，进入一种无功利、无束缚、自由自在、空灵虚静的心理状态之中。在这种心态之下，他们的注意力会更加集中，会更无拘无束地与作者或作品中的人物进行心灵对话，产生共鸣。

第二，暂时地"忘却自我"。在读者对文本进行鉴赏性阅读时，读者会从现实世界飘然而进入另外一个超然的艺术世界，而在那个能引起读者"整体震颤"的超然的艺术世界中，读者会品尝到一种极度迷醉与自失的审美愉悦。作家三毛在《逃学为读书》中所诠释的文学欣赏的这一审美现象，就是典型的例证。三毛的阅读感受说明文学鉴赏是与现实世界完全隔绝的一种凝神观照的审美境界，这一审美境界的特点是完成角色转换，与角色同一化。

总之，鉴赏性阅读是一种读者通过能动地参与文本获得情感"共鸣"的审美性阅读，读者在进行鉴赏性阅读的过程中，实际上也是在"创作文学作品"，通过自由的联想，把自己的感情移入文本之中，在对文本的诠释过程中"着我之色"。

### （三）批评性阅读

鉴赏性阅读，与对象同一化，是文艺欣赏的前提，是读者进入艺术殿堂、领悟艺术意蕴的入口，是接受文艺作品的必由途径。但是，与对象同一化的状态不能持续于欣赏的全过程，主体只能是暂时忘我而不可能始终忘我。当欣赏者终于从与对象同一化的状态中走出来的时候，他们就又会站在与文本"对立"的立场上，对文本静观反思、体验玩味。这就是批评性阅读阶段。

所谓批评性阅读就是读者站在作品之外，对作品中潜藏着的审美要素进行理性分析与思考的阅读过程。文学鉴赏是充满了激情与想象的"入乎其内"，读者在文学鉴赏时会由喧嚣的现实世界进入澄静空明的审美的艺术世界，而文学批评则是融注了克制与理性的"出乎其外"，读者在文学批评的过程中会从感性的审美世界回归到理性的现实世界。

我国著名美学家朱光潜先生曾经说："遇见一个作品，我们只说'我觉得它好'还不够，我们还应说出我何以觉得它好的道理。说出道理就是一般人所谓批评的态度了。"这里所说的"说出道理"，指的便是在批评性阅读中要理性地探究作品的艺术审美效果是怎样实现的，探究作者到底是如何以腾挪之笔力，使作品有尺幅千里之观、玩索无穷之味的。

读者在对文本进行批评性阅读时，他所品鉴玩味的内容主要涉及两个方面：第一，分析品味文本的内容；第二，分析品味文本的形式。

对于作品的内容，读者应该从以下两方面分析品味：一是艺术作品的外在显示层，如分析叙事类作品的故事情节、人物形象、人物关系等；二是探究艺术作品的内在意蕴层，读者在进入批评性阅读阶段后，已经不满足于仅仅知道作品写了什么，而是愿意去挖掘作品到底暗示、表现了什么情感或哲理意蕴，这也就是我们常说的"主题"。

除了作品的内容外，一部分欣赏者的"分析玩味"还指向作品的艺术形式，读者在批评性阅读阶段往往还试图深入探究文学作品是怎样安排和处理作品内容的，作品在语言的修饰、情节的提炼、结构的安排、形象的塑造、节奏的处理等方面有什么独到之处。

可以这样说，读者是否能穿透作品表层的迷雾，直接拈出作品厚重幽涩的情感与哲理，是否能分析玩味出艺术作品的形式美，是判断读者欣赏能力高下的标准之一。

# 第三节 文学审美教育的教学解读

从一般意义上说，鉴赏性阅读是批评性阅读的基础，批评性阅读是鉴赏性阅读的升华。但是，在实际教学过程中，鉴赏性阅读和批评性阅读往往互相交融，难以截然分开。鉴赏文章本身就是一种批评方式。比如在讲解沈从文的《边城》时，笔者在备课时，为了便于深入分析文本，就写下了一篇《边城》的解读文章，供学生课后阅读，然后课上讨论。实际上，这篇解读文章，既是鉴赏，又是批评。

王夫之《姜斋诗话》在评价《小雅·采薇》名句"昔我往矣，杨柳依依，今我来思，雨雪霏霏"时说："以乐景写哀，以哀景写乐，一倍增其哀乐。"这种加一倍的创作手法自出现之后就不断地被后人所沿用，从杜甫"感时花溅泪，恨别鸟惊心"，到李煜"梦里不知身是客，一晌贪欢"，都使用了这种创作手法。

20世纪20年代，沈从文的《边城》也运用了这种创作手法，只是他并非简单机械地复制，而是赋予这种创作手法以新的内涵：将眼前之"乐景"进一步扩展为虚幻的镌刻着人类活动印痕的乐境——"边城"，并以发生在这一诗意的栖息地中的凄美爱情故事来暗示普泛而又真实的生命痛点——人类生存的孤绝与"身不由己"的无奈。以虚幻的乐境抒写哀情，使《边城》在欢快的田园牧歌咏叹中潜藏着一支悲凉的人性小调。

## 一、幻化的乐境："田园牧歌"原是一支"神曲"

《边城》自诞生以来，它的田园牧歌式的诗性特点就常常为学者所称道。《边城》给人桃花源般幻想的色彩和田园牧歌式的理想图景。确实，《边城》处处充溢着恬静平和的牧歌气息：这里有如诗如画的自然风景，生活在这里的人们过着童话般的生活——没有世故圆滑、功利等级、冷漠畏缩，只有简朴清淡、和谐友爱。明净澄澈的环境，以及在这种环境中生活的人们恬淡无争、淳朴挚爱的生活方式，再加上小说里描绘的虚无缥缈的梦境，似乎都彻底驱走了纷纷扰扰、红尘滚滚的现实时空，这实在是一方纯净的诗的境界。

有人说,《边城》这一支田园牧歌里飘荡着作者家乡的影子,也有人说《边城》所描绘的淳朴的湘西风情、挚爱的诗意的栖居环境是作者在如实地重造童年的家乡,是一幅地地道道的写实风景画。事实上,作者笔下所描绘的那个充满了挚爱亲情、摆脱了名利枷锁的所谓"茶峒"小城是不存在的,它虽可能有作者童年家乡的影子,但对于离乡十年的沈从文来说,即使是童年的苦难也因时间的流逝而过滤掉了曾经的切肤之痛,转而变为现实梦境一般的甘甜甚至是神圣了。小说开头三节,作者使用了大量的诸如"淳朴""浑厚""安静和平""极有秩序"等赞誉性的词,其实就是要弥合在甜美的田园牧歌背后的破绽,这也正说明连作者自己都怀疑"茶峒"小城是否存在。

沈从文常说自己写小说是在组织梦境,《边城》就是他组织的最美妙动人的一个梦境。先生自己也明确指出,《边城》是"将我某种受压抑的梦写在纸上"的故事,是"纯粹的诗,与生活不相黏附的诗"。

从这个意义上来说,作品中的"茶峒"小城,其实只是作者诗意想象的外化,沈从文为"边城"的天空硬扯来一朵朵"神话般的云彩","田园牧歌"原来只是一支"神曲"。作者缘何要为"茶峒"山城的天空硬扯来一片"神话般的云彩"呢?笔者认为有以下两方面原因。

第一,作者可能希望用笔下的这一片未被现代文明污染的土地来映衬都市的堕落,呼唤民族品德的重塑。从离开家乡到创作《边城》,整整十年的都市生活,让作者痛心地意识到:在现代文明笼罩下的都市中奔波的人正在无情地践踏着朴素的信义道德、真挚的乡土人情,因而在《边城》中虚构了一个带有他童年家乡影子的茶峒山城。其实,这座小城只是作者理想世界的幻影,所负载的只是作者要远离纷扰的尘寰,远离有"身"无"心"、有"利"无"情"的世俗人间的孤独追求。这种对乌托邦世界的倾情向往,正寄寓了作者对民族品德重塑的希望。这正如《边城》出版时的题记所说:"我的读者应是有理性的,而这点理性便基于对中国现代社会的变动有所关心,认识这个民族过去的伟大处与目前的堕落处,各在那里很寂寞地从事民族复兴大业的人。"中学教参在论及本文的主题时也认同这种观点:"作者极力讴歌传统文化中流传至今的美德……在摹写边城人的生命形态和生活方式中,隐含着对现实生活中古老美德、价值观失落的痛心,以及对现代文明物欲泛滥的批判。"

第二,作者可能希望通过笔下的这一乌托邦世界——茶峒山城来反衬人类孤绝而又悲凉的存在焦虑。这座山城被描述得越是趋于完美,就越能反衬出当时社会人性的残缺以及人性中某些终极的孤独与悲哀。因此,笔者认为,《边城》的主题并不仅止于中学教参的论断。细细揣摩，我们便会发现在作品诗意的氛围中蕴藏着一股悲伤的潜流，表层的轻松掩饰不住作者对人类生存的内在焦虑：世界本是荒诞，生命本是无常，人类本是孤绝。

我们还可以从如下两方面分析：第一，从作品的情节结构看，作品共二十一节，前十节都在极力铺写边城环境的牧歌性、边城人情感的素朴和观念的单纯，后十一节主要是叙述翠翠的爱情故事。如果作者只是要传达他对民族传统美德的讴歌及其失落的心情，那么作者写完前十节就已经足够了，根本没有必要再画蛇添足地详细描写翠翠的爱情悲剧。作品结构的详略安排，虽然只是附着于文学作品表层的外观形态，但它却是引领读者挖掘隐藏在文学形态背后的主题的一味不可或缺的"药引子"。《边城》正是通过详细描写翠翠的爱情悲剧，在结构详略安排的外观形态中蕴含着更为深刻的主题，即普泛的人类生存的焦虑和无奈。第二，从作者的成长经历和创作背景看，二十多年的故土和军人生活让他目睹了太多太多的悲剧。幼年时，就目睹辛亥革命失败后，宪台每天捉来一两百人，"把犯人牵到天王庙大殿前……在神前掷竹筊，一仰一覆的顺筊，双仰的阳筊，开释，双覆的阴筊，杀头"；成年后，作者投身军旅，在枪林弹雨中无数鲜活的生命在作者的面前转瞬凋零。而在《边城》写作之前，作者又经历了人生重大的变故，即曾与他志同道合、同甘共苦的好友胡也频、徐志摩的去世和丁玲的失踪。这一切的一切都让作者唏嘘不已，因此，在《边城》中，作者要表现的不是"历史"，而是"宿命"。他勇敢地把人性的某些缺失，例如生死、隔膜、孤独等在人类生活中不可把握的方面突显出来，呈现在读者面前。

## 二、真实的哀情："边城"里修建的一座残缺不全的"人性小庙"

《边城》绝不是现成在手的温暖的世外桃源。事实上，在那一片澄静而冷幽的神话天空下，有一只黑色的指挥棒在恣意地拨弄着翠翠，那就是命运，是人们挥之不去的人生阴影，而这种人生阴影在《边城》中显现的内容又是多样的。

《边城》里显现的人生最大的阴影莫过于隔膜，这是生命中最大的荒唐，永远无法调和与圆融。穿梭在这世间的每个人的心灵都是一个广大无边的宇宙，心的空间太大了，人与人之间的隔膜犹如无垠的大海，如果有人想乘船跨越这隔膜的海洋，必定会落得个船翻人亡的结果。沈从文用他那洞察世事人情的双眼，发现了这种人性的本质缺失。在《边城》那样一个人人善良、心无纤尘的神话世界里，就连大保、二保、顺顺、爷爷、翠翠这些挚爱亲人间都无法真正地沟通，无法穿过隔膜的海洋到达相互了解的圆融圣境。

也正是由于这种人生的隔膜，才有了小说中人物最真实的孤独。这种孤独最直接地表现在女主人公翠翠的身上。《边城》有意设计翠翠是个孤女，她上没有父母的呵护疼爱，下没有兄弟姐妹，甚至没有一个朋友去倾听她的心事，在那悠淡哀怨的"寂寞林"里，她只能靠独自的幻想来宣泄自己未能满足的愿望。压抑得愈久，爆发得愈烈，她甚至突然想要离家出走，要发生点大事来摆脱自己目前这种无法忍受的孤独。然而，当这个念头刚刚燃起火苗之时，天真善良的翠翠又为爷爷担心起来，为自己的想法可能产生的后果而害怕自责，最后她只好无奈地放弃。

那么，翠翠满腔的心事无人可以诉说，这一颗孤独的灵魂如何才能得到安慰呢？事实上，对于一个妙龄少女来说，在她的前方，总会有一个长长的爱的故事在等待着她。爱，也许是翠翠解脱孤独境地的一纸妙方吧！孤独的翠翠怀着强烈的爱之渴望四处寻觅，最终她把自己缠绵执着的爱之红线专注地抛给了二保傩送。原本故事至此，沈从文该停笔了吧，翠翠与傩送男欢女爱的大团圆该给读者带来一种怎样温暖的欢喜啊！可是作者偏不罢手，此时小说中那只命运的黑手又再一次悄然而至，隔膜、误会、生死离别等人生无常又一次攫住了翠翠，在无常命运的捉弄下，经过一系列的风云变化，最终爷爷死了，大保死了，傩送负疚飘零在外，留下翠翠无望地等待。"也许回来，也许永不回来。"《边城》绝妙的结尾既不给人希望，也不令人完全绝望，这样一种悬而未决的状态又再一次鲜明地暗示了《边城》的主题："长恨此身非我有"的无奈。人们注定无力把握属于自己的未来，人生必然要接受偶然与命运的捉弄！"花自飘零水自流"，生命中的一切原该是如春花秋水般不由自主地飘零消逝的吧！

至此，我们谁还能说《边城》只是一支不食人间烟火的牧歌，谁还能说《边城》只是沈从文对民族品德能否回来的乐观证明？沈从文说："你们能欣赏我文字的朴实与清新，照例那作品背后隐伏的悲痛也忽略了。"沈从文也是孤独的。

总之，沈从文的《边城》虽然有借这虚幻的茶峒山城来寄寓作者对民族品德重塑的希望，但更重要的是，沈从文创造性地运用了中国古典诗歌中"以乐景写哀情"的手法，用微笑表现悲哀，用诗意对抗污浊，他笔下的茶峒山城越是清明纯净，笔下的小人物越是善良单纯，就越能衬托出孤独、隔膜、生死无常、爱而不得等一系列人性中共通的悲哀。可以说，《边城》中的沈从文已抵达了生命价值的源头，并勇敢地直视了生命之"冷"。《边城》所营造的那一片神话天空，事实上是为了映衬那一座残缺不全的人性小庙，田园牧歌的咏叹中潜藏着一支悲凉的人性小调。哲理与诗性投映在《边城》的神话天空下，是怎样的警策人心而余音袅袅啊……

当笔者在课堂上把《边城》一文所隐现的孤独、隔膜、生死无常、爱而不得等一系列人性中共通的悲哀传递给学生的时候，笔者从学生的眼中看到了他们不经意间流露出的因心智为之洞开、灵魂得以抚慰的惬意和满足，作为一名普通的语文教师，也因他们的惬意而惬意，因他们的满足而满足。

# 第三章　中学生的审美发展

审美发展是青少年个体身心发展的重要组成部分,也是实施美育的基本依据;同时, 促进青少年的审美发展及个体的全面发展可以说是美育最基本的目的和任务。20 世纪 50 年代以来, 西方美育论的进展也主要体现在对个体审美发展的研究上。在我国, 关于中学生审美发展的研究还处于发展阶段, 阐明中学生审美发展的特点和规律应当成为美育研究的基本任务及未来努力的方向。

## 第一节　个体审美能力的发展

个体从出生到死亡经历着许许多多的变化和发展, 审美发展则是这一历程中的一个方面。理解个体的审美发展不能脱离个体总的发展趋势, 也就是说, 审美发展只有被放到个体发展的背景下来认识和分析才是有意义的。

### 一、个体发展的含义

简单地说, 个体发展是在人的一生当中所发生的有系统的变化过程。发展心理学把个体发展分为四个方面:身体发展、认知发展、社会性发展和情绪发展。身体的发展或发育是所有发展中最基础的, 它包含着认知、社会性及情绪发展所必需的各种身体结构和机能的发展, 如身高体重的增加、第二性征的出现、神经系统的完善等, 身体发育不健全或出现衰退现象就会影响其他方面的发展;认知发展则涉及感知、记忆、思维、言语等活动, 这是人类认识世界并与之产生各种联系的主要手段;社会性发展表现在任何包含着与他人相关的行为形式之中, 个体的社会关系真正体现了人的本质, 如道德行为、交往技能、分配活动等;情绪发展包含人类的基本情绪和高级情感活动的发展, 它们体现在表达和控制个体情绪和情感的能力上。

个体发展有许多影响因素，如家庭、学校、社会等，但如果从个体发展的直接形式来说则表现为两种方式：成熟与学习。成熟过程是由基因所控制的生理上的变化过程，主要体现为身体的发育与衰老。人们主要依据个体的成熟程度来划分不同的发展阶段，如幼儿、儿童、中学生、成年、老年等。当然，年龄阶段的划分并非只具有生理学上的意义，实际上它更重要的目的是确定每个阶段不同的心理特征及心理发展任务，它们构成了个体学习、生活和工作的内容。学习可以说是人一生的任务，并非只有未成年者才需要学习。广义的学习乃是人与动物在生活过程中凭借经验而产生的行为或行为潜能的相对持久的变化，是人类获取各种知识、技能及感受的主要手段。学校、家庭及社会对个体的影响实质上都是通过各种各样的学习方式实现的，并且因此而带来个体认知、情感及社会性等方面的相应变化。成熟是一个非经验的过程，人们不可能借助外部力量去加速成熟，但不同的成熟阶段却为个体提供各种活动的条件和限度。

其实，个体发展是一个整体的过程，任何一个方面的发展都不能脱离其他方面的进步。我们不能期望儿童在认知方面的进步比他们在身体、情绪和社会方面的进步更迅速。学校只重视个体的认知发展是不行的。然而儿童在学校接受的教育恰恰如此，教师把主要精力放在认知发展这个目标上了，其他方面的发展只是作为认知发展的条件而不是同等的教育目标。事实上过去心理学家提出的各种个体发展的理论及教育方法，包括我们现在所说的个体发展包括四个方面的观点，大多是以认知发展为中心展开的，即使是道德发展理论也是如此。这样，关于人的全面发展的理想逐渐让位于学校教育实际的目的，结果对个体的发展带来许多不利的甚至是极为严重的损害，如个体情感生活的单调与扭曲、对外界纯粹理性的利用观念等。

总之，个体发展是以整体的方式进行的，把各个方面分开来描述只是为了研究的方便，并不表示它们可以不顾其他方面而独立发展，这个观点具有方法论意义。无论是教育活动还是学习都应当是全面的，如此才会造就全面发展的人，同时我们的理论研究也应遵循这个原则。

## 二、个体审美发展的概念

审美发展是一个内涵丰富的概念，从国内外的研究状况来看还未见有大家一致公认的解释。但是有一点几乎都是相同的，就是审美发展与认知发展、道德发展是不同的，而且具有相对的独立性，因此，尽管皮亚杰为个体心理发展提供了极好的研究范式，而他的认知发展理论却不宜直接搬到审美发展的研究中来。美国的发展心理学家霍华德·加德纳（Howard Gardner）就指出，皮亚杰所关注的抽象逻辑思维的发展并非艺术发展的关键，而且它有时甚至是不利于艺术发展的。他提出了所谓的制作、知觉和感受三个系统，并从这三个系统由分立到不同的结合方式说明儿童的审美发展。换言之，这三个系统的不同作用及结合方式使儿童出现创作者（艺术家）、欣赏者、批评者及表演者的角色转换，即审美发展。但是有人也提出相反的路线，即个体的心理在最初几年是整合在一起的，审美发展之类的只是以后的分化，但是无论如何审美发展是无法与其他方面的发展分开的。帕尔森就认为审美发展的阶段性是建立在认知结构基础上的，他认为审美发展与儿童从自我中心转向对审美对象的知觉或直觉认识是相互联系的。在审美发展中认知能力和感受能力（包含动机）是密切相关的，审美发展可以看成是通过教育获得的对特定艺术的独特理解的发展，这种独特的理解是对包含在艺术中的价值观念的一种认知情感的感受能力，它可以说是一种独特的认知能力，只不过无须像认知和道德发展那样需要以概念命题的方式来表现，作为一种认知性的感受乃是直接的直觉经验，无须做出概念和命题表述。可以说，审美发展与人的认知能力肯定存在着某种关系，其实审美作为一种价值判断不是凭情绪、情感或其他单一的心理能力就能完成的，个体的感知、记忆、想象、思维、情感能力及有关审美对象的知识经验都会对审美过程产生作用，但是它们的作用又是难以分析出来的，至少目前情况如此。

因此，一般的发展心理学研究尽管不能直接应用到审美发展上来，却对理解审美发展极有启示。心理学的发展概念比较关注基本的和一般的人的特征，它们并不需要对人类在各种艺术活动中的表现做出详尽的阐述，研究审美发展必须把心理学与艺术联系得更加紧密，即把心理学的概念应用到艺术领域中来。

从以上的分析可以看出，审美发展并不是一个确定的概念，我们可以说审美发展是人们进行审美活动所需的心理结构和能力的发展。描述个体的审美发展必须从以下几个方面入手：首先是个体的审美创造能力的发展，即个体建构某种形式和表达观念的艺术能力是如何发展的；其次，个体的欣赏能力是如何发展的，包括审美需要、趣味、价值标准、对艺术对象及其他审美现象的知觉、习惯等；最后是审美个性的形成，即不同年龄阶段、不同性别特征的个体在上述两方面究竟有何差异，形成差异的原因何在等。

## 三、中学生发展阶段的特殊性

中学生阶段是个体从儿童向成人的过渡时期，从年龄上来说大致在 13 岁到 18 岁，相当于初中和高中阶段。在这个阶段个体的身体发育和心理发展处在个体发展中的第二个高峰期，所引起的身心变化常使中学生陷入困境。

首先，从生理上来看，中学生正处在青春期，性机能逐渐苏醒并趋于完善，从而奠定从儿童向成人转化的基本条件。但是中学生心理上的发展速度往往跟不上生理上的成熟速度，很容易产生性的烦恼，害羞、恐惧、焦虑等不良情绪状态的出现非常频繁。另外由于骨骼发育十分迅速，身高激增，儿童期的活动习惯和协调性都遭到了破坏，对精细活动及需要高度协调的艺术表达活动的损害尤其明显。这是中学生时期形成闭锁性心理倾向的重要原因，从此中学生的心理活动包括审美活动的重点开始由外部转向内心。

其次，从自我意识的角度来看，儿童期建立起来的以自我为中心的思维习惯随着交往和思维深刻性的提高而肢解了，但他们并没有立刻建立起一种稳定的自我观念，常常出现在儿童意识与成人意识之间摇摆的现象，这种自我意识和角色上的摇摆使中学生的心理活动呈现出不稳定及动荡的特征，即心理上渴望自主与独立，而在现实中却不得不依赖家庭与父母，想以成人的方式思考和行动却总不被成人所接受。这些现实的矛盾和冲突也使中学生无法建立一种清晰统一的自我意象，搞不清楚"我"是个什么样的人、人家是怎么看"我"的。这种自我意象决定了中学生的可塑性，但也潜藏着危险，如过度的自我膨胀和自我中心、自卑与自怜等，反映在现实活动当中就是不稳定。在审美活动中，由于找不到"自我"的确切基准，因而也会出现不稳定的现象，特别是审美趣味的变化。不过到了高中二年级之后这种情形会逐渐减少。

最后，中学生与社会的联系日渐紧密，不再局限于家庭圈子里，这在中学生个体发展中是个极为重要的转变。其中有重要意义的是同辈群体的形成，它不仅成了重要的价值标准的来源，而且还成了寻求情感依托的对象，中学生不再像儿童期那样依恋父母和老师，希望能在朋友和同学面前显示独立性，对成人的指导和教育不再完全顺从，甚至会产生逆反心理，使得他们与成人之间出现所谓的"代沟"现象。这在很大程度上使中学生容易接受社会上的不良影响，如低级趣味及过度的偶像崇拜等。

中学的学习生活也给中学生造成了深刻的影响。如学校教育过于偏重理性和知识的传授、学习负担过重等问题很容易使中学生在课余陷入另一个极端，即追求直接的感官刺激，网吧、舞厅、游戏机房等成了许多中学生的向往之地，更有甚者还以破坏性的和恶作剧的方式来寻求发泄。当然学校教育绝不止这些负面的作用，但一旦其负面的影响与中学生特有的心理特点结合起来就可能成为一个社会问题。因此，中学阶段作为中学生从家庭走向社会的第一站，在他们个体发展的整个历程中是极为重要的，必须更多地从社会化的角度来看待此阶段。中学生发展阶段的特殊性当然不仅表现在上述几个方面，也不是只表现在认知、社会性或情绪发展当中。实际上，作为中学生时期的发展基调，它们会表现在他们所有的活动之中，当然也表现在审美活动之中。这使中学生审美发展问题更显复杂。

# 第二节　中学生审美发展的特征

中学生的审美发展在很大程度上反映了中学生身心发展的特殊性，并且使中学生的审美发展也呈现出许多前所未有的特征。审美发展绝不是各种心理发展状况的简单相加，它具有自己的某些特性。下面将从中学生的审美需要、审美能力及审美意识这三个方面介绍有关中学生审美发展的一般特征。

## 一、中学生审美需要发展的特征

中学生只有内心产生了审美的欲望，才会真正关注审美需求，每个人都希望获得情感上的满足，通过情感交流及表达，人们就可以将自己的心意传达出去。在中学生阶段，审美发展正在逐步地过渡，开始从内心自发产生的审美逐步过渡到社会审美。

我国中学生对审美需要的认识更多地与传统观念中的"修身"相联系，而对于审美活动的直接情感效应的认识则相对退到比较次要的地位，加之目前家庭、学校的课业压力，使中学生的审美需要处于被压抑的状态。这也许可以部分解释为什么中学生的审美需要及审美能力常处在停滞和衰退状况。

小学时期儿童的审美需要直接表现在具体的活动之中，儿童决定是否从事某种审美活动的依据几乎完全是随意的和不稳定的，反映了儿童期的自我中心倾向。这种状况直到 12 岁之后才会开始转变。

中学生的审美不仅要融入社会内容，更要有学校的教育。他们不仅从自我的角度而且还从他人的、社会的角度来评价审美活动的重要性。这既反映了审美活动的自觉性，也反映了中学生对社会的敏感性，他们开始把社会对个体的要求转换为个体的审美活动动力了，这一特点与中学生社会化的速度加快、加深是密切相关的，如对同伴群体的重视、对传播媒介的接受能力的提高等都会使中学生的审美活动呈现社会性、群体性的倾向。应当指出，中学生（特别是高中生）正处于审美个性的形成时期，但个性与社会性并不矛盾。实质上个性乃是社会化亦即社会因素影响的结果，个性只有针对共性来说才是有意义的。因此，可以说审美需要个性化是个体审美需要与社会普遍的审美需要之间相互作用的结果。事实上，在很多情况下中学生审美活动的动力来自与同伴交往的需要。

对中学生审美需要由个体向社会转化起到重要作用的另一个因素是自我意识能力的提高。自我意识包含着如何认识社会对个体的评价，因而社会的审美价值观念必然通过中学生自我意象的建立而融合进去。

## 二、中学生审美能力发展的特征

中学生的审美能力在不同的领域具有不同的特征，如批评意识得到了发展，但是创作能力没有明显的改变，还会出现下降趋势。这说明中学生的审美能力还处在一个调整和重新组织的时期，我们也可以从青春期急剧的身心变化历程得到某些印证。

### （一）审美心理结构的变化

中学生时期个体的感知觉发展处于人的一生中最为发达的阶段，情感能力和思维能力也大大加强并趋于精细；只是情感的闭锁性特征及思维中对逻辑理性过程的偏爱，使得中学生不再像儿童那样率真自由地表达情感，而且也不像儿童那样经常把活力与生命赋予他们所遇到的东西。这在很大程度上阻碍了中学生审美想象的丰富性。因此，可以说中学生心理能力的发展常常无法在审美活动特别是创造活动中表现出来。另外，青春期运动协调性的破坏及理性能力的提高，也必然会在审美活动的形式上产生变化。

### （二）审美欣赏能力的发展

在未成年阶段，此时的审美需求是不成熟的。在审美方面只依赖于个人的情感和认知，所以这种审美是通过主题判断的，并没有从外在形式上对审美进行判定。这种状况下的审美缺少审美对象的兴趣，只是凭着个人的感知而产生的一种情感态度，因此在儿童时期审美是简洁明了的但并不稳定。

中学生的审美欣赏和批评能力却有很大的发展。首先，由于中学生感知觉的敏锐性增强，内心体验日益丰富，因而他们有极强的情感投射能力（移情能力），特别是对文学和音乐作品的欣赏更是如此。其次，中学生的审美欣赏和批评由于理解和思维能力的提高而更加深入全面。

因此，初中生正处于青少年时期，是对美的热烈追求的开始，喜欢打扮，喜欢赏心悦目的东西，喜欢欣赏艺术作品，但他们又缺乏正确认识美、判断美的能力。处于这个时期的初中学生也极其欢迎对其审美感的引导，渴望自身审美能力的提高。因此，此时也正是初中学生世界观形成的关键期，使其审美意识向着正确的方向发展，形成良好的审美趣味，能够分辨自然、社会事物与艺术作品的审美品格，能对事物做出正确的判断，对其一生将起决定性的影响。

### （三）审美创作与表达能力的发展

审美需要人们产生表达的欲望，但是在儿童期并未形成有效的审美标准，没有掌握相应的审美技巧，所以看到的事物就无法进行创造性的表达。外界给予相应的指导，儿童才会把握审美的关键点，并且将艺术活动当作表达情绪的方式，这种情况下的创作意图并不明显。但是青春期之后，他们就有了相对明确的艺术创作和表达的动机。如在绘画艺术当中，中学生已开始关注透视、构成及再现对象等问题，对细节和整体结构的关系也开始重视起来。这表明中学生对创作和表达的追求已进入自觉的阶段。

但是，有一部分中学生由于对自我的过分批评及他们所特有的过分自尊，往往无法容忍自己作品的幼稚转而放弃艺术创作活动；也有一部分中学生则更为狂热地投入创作和表达活动之中，这很容易造成同伴的侧目，造成与同伴的疏离，而到了高中后期这部分人开始显示出某种个人风格。总的来说，中学生的创造和表达兴趣及能力似乎并没有随着认知、情感和社会能力的提高而相应地发展起来，相反，它们处于一种停滞甚至倒退的状态。

## 三、中学生审美意识发展的特征

进入中学阶段，学生的思维能力在不断增长，并且周边的生活场景更加丰富，因此审美意识和社会场景更加接近，因而真正的审美意识的形成可能要到高中阶段才有可能。这样，整个中学生时期都处在审美意识发展的关键期。

### （一）审美趣味的发展

审美趣味是审美意识的外在表现，也对个体审美观念和理想的形成起着重要作用。中学生的审美趣味正趋向于多元化、社会化和个性化。

首先，中学生的审美趣味的发展表现为范围上的扩展和选择上的稳定。尽管在儿童期已表现出某种程度的审美偏爱，但是范围有限，绝大多数都局限在简单优美、形象鲜明的对象上，且不稳定。而中学生的审美选择范围扩展了，如他们对崇高、悲剧等审美形态发生了真正的兴趣，对生活和自然的审美趣味也出现了。同时，中学生的审美趣味呈现出越来越明显的个性化倾向，形成了稳定的与个人的气质、性格特征相对应的审美倾向。

其次，中学生的审美趣味日益地与社会影响因素相协调，并且出现了有趣的趣味二重化现象。儿童的自我中心倾向及其活动范围、经验的限制使其不可能对社会审美倾向有多少认识，而中学生则开始关注现实，对现实的矛盾有了自己的思考。大众传媒对中学生的影响也已加强，这就使得成人的审美趣味及整个社会的审美倾向能够渗透到中学生的审美意识之中。大众文化已经成了中学生的审美趣味的直接刺激因素，而且大众文化所特有的利益驱动很容易使中学生的审美趣味产生不良的，甚至是有害的发展。

但是，中学生毕竟是在学校中接受教育，而且对家庭具有很大的依赖性。因此，传统的、偏重于思想与道德价值的审美意识也必然会出现在中学生的审美趣味之中，这种影响在大多数情况下是观念性的，很少对他们实际的审美选择产生影响，这突出表现为中学生的审美趣味在观念和行动上常出现矛盾和双重标准，他们知道什么作品是优秀的、感人的、深刻的，但他们并不一定把这些作品作为自己的欣赏对象，这种现象与儿童时期教师是否在场会做出截然相反的审美判断的现象是一脉相承的。可以说，中学生对通俗文艺、流行歌曲的偏爱有其合理之处，而对严肃的、经典的艺术作品的忽视也不能简单地看成是趣味不高，实际上他们没有足够的体验和经历，也没有足够的时间去领悟和理解被社会所珍视的那些艺术和文学作品。也就是说，二重化现象的产生具有某种必然性，但不是一件值得称道的事。

### （二）审美观念和审美理想的发展

稳定的审美观念和审美理想是在中学生末期才开始形成的。初中阶段中学生的审美观念和审美理想可以说是群体的，他们在做出审美判断时通常会考虑同伴的观点，因而社会上的"追星现象"主要是以初中生为主的，说明他们常常不能自主地、独立地做出自己的审美选择，即审美观念和审美理想尚未形成。

到了高中阶段，由于生活阅历的增长，思维能力和道德判断能力都发展到了接近成人的水平，中学生的审美观念和审美理想接近稳定了，特别是某些坚持艺术创作活动、把艺术作为自己的职业理想的高中生更形成了自己独立的观点。趣味二重化现象也开始逐渐减弱，说明中学生是以自己的，而不是他人的审美观念做出审美选择，从事审美活动。另外，根据一些调查，高中生的人格特征与他们的审美选择直接相关，说明高中生的审美观念与理想已经融合到整个人格结构中去了。

中学生的审美观念与审美理想也呈现出性别差异，这可以在审美趣味的发展中得到印证。

# 第三节 中学生审美发展的规律

对中学生审美发展产生影响的因素包括了内部及外部两种。在这两种因素的影响下，中学生形成了特有的审美规律。研究中学生审美发展的规律，不仅有助于理解形成中学生审美发展特征的原因，而且还能帮助我们更好地设计美育活动，促使中学生审美能力和审美意识进一步发展与完善。

## 一、中学生审美发展的内部机制

个体心理发展的动力源于个体心理的内部矛盾，从发展心理学的观点来说，这个内部矛盾就是个体原有的心理发展水平与他们所意识到的新的需要之间的矛盾。中学生的审美发展动力源于中学生所意识到的新的审美需要与满足这种需要的能力等主观状态之间的矛盾。

中学生的内心情感活动随着年龄的增长而日益丰富、强烈，因而产生了表达的强烈动机。对于中学生来说，此时的审美需求在增加，如他们对各种类型的艺术都会产生探索欲望，对古今中外的艺术名作和大艺术家都有崇敬的心理。但是，他们缺乏必要的艺术和审美知识，欣赏理解能力也未达到相应的水平，因而总是感到无法满足审美冲动。在创作活动中也同样遇到这个问题，他们希望能将自己的所感所思、所见所闻用文学、美术或音乐的方式表达出来，但总是力不从心，害怕因自己的幼稚而招致别人的耻笑。应该说，这些矛盾将会有助于中学生更加努力地投入审美活动，以期提高自己的审美能力。一旦中学生真正自觉地投入审美活动，那么他们的审美需要在获得满足的同时又将得到进一步的提升，从而又会产生新的矛盾：在活动中个体的审美趣味、观念和理想也将得到发展和提高。

然而，在现实当中，青春期之后的中学生大部分再也不去碰他儿时的画笔，他们开始热衷于流行艺术。实际上，这是由于中学生的审美意识得到提高、新的需要无法满足而产生的负面现象。在目前我国的中小学教育中，审美能力和审美素养并不是一个重要的评价标准，绝大多数中学生没有足够的时间用于审美欣赏和创作活动，学校更缺乏有力的指导，因此中学生的审美能力得不到相应的提高，这样他们只好放弃更高的追求，转而寻求直接简便的大众文化中的审美对象，或者只是把自己表达情感的欲望仅限于较安全、简便的日记当中。

因此，本书认为在审美需要和审美能力这对矛盾当中，矛盾的主要方面是审美能力。解决这对矛盾的主要措施也在于提高中学生的审美能力，包括欣赏能力和创作能力的提高、美学和艺术知识的传授等。

审美能力的提高和审美需要的满足当然也受到个体其他方面发展的影响，实际上个体各方面的发展既是这对矛盾产生的重要根源，也是解决这对矛盾的重要的内部条件。儿童期的审美发展显然受制于他们的身体发育；中学生尽管没有像儿童期那样对身体发育状况具有依赖性，但青春期所带来的身体各方面的变化常常会阻碍审美发展，特别是创作和表演性的活动，如变嗓期就对中学生音乐演唱、朗诵等带来损害，第二性征的出现也容易引起他们的羞怯感而使他们失去表演的勇气。

心理和个性的变化对审美发展的影响更大，它们常常会影响到个体的审美选择，使得具有某种心理倾向和人格类型的人把他的审美欣赏和创作表达活动过多地集中于某个类型的艺术形式和风格上。在对更广泛的自然和社会现象进行审美评价时，中学生的认知思维能力、道德判断能力等的发展是一种重要的前提条件，如果中学生不懂得什么行为是道德的，什么行为是不道德的，那么，他们就不可能真正领会人的美、社会的美。

因此，审美发展是与个体的总体发展不可分割的，我们不能随意地超越个体发展的水平而进行独立的审美教育，也不能在进行审美教育的同时忘了对个体其他方面的发展应负的责任，可以说，审美发展与个体发展的矛盾是审美需要与审美能力这对主要矛盾的具体表现形式，必须给予足够的重视，以防止其阻碍主要矛盾的解决。

## 二、中学生审美发展的外部条件

中学生的审美发展绝不是一个孤立的过程，它受到多方面因素的影响，如学校的美育状况、家庭的态度、社会的审美观念和审美理想等都会影响中学生的审美发展速度、方向及性质等。

## （一）学校的美育状况

中学生的学习和业余活动在很大程度上是由学校控制的。个别学校不能正确处理美育与德育、智育的关系，常常忽视、取消甚至禁止学生的审美活动与艺术实践，学科教育更是为了应付考试。在这种教育思想的指导下，中学生的审美需要自然得不到重视和满足，缺乏基本的审美机会。而对中学生课余时间的审美活动，学校也无力关注和指导，因而各种流行艺术就几乎毫不费力地把中学生变成自己忠实的拥戴者。流行艺术有其自身的特点，但无论如何也不可能代表我们这个社会的审美意识和价值观念，学校不应放弃关乎学生素质的美育活动。

从大量的实践来看，学生的审美发展水平与学校对美育的重视与否有着极大的关系。学校的教学计划和教师的教学工作都必须把美育放在重要的位置，为学生提供适合他们发展水平的、积极向上的审美活动，使整个学校的教学气氛和人际关系成为情感化的、能促进审美沟通和创造的心理条件。在设计具体的美育活动时，必须使其有利于激发学生的审美兴趣，提高他们的审美意识，如在内容和形式上应与中学生的审美需要和审美能力相适应，在活动中提高他们的审美发展水平。

在进行艺术教育的过程中，教师不能完全以任务的观点把学生引入"作业"状态，而应当以引导中学生的审美体验和情感交流为主线，同时提高学生的艺术创作表达和欣赏的技能。

## （二）社会审美文化的作用

社会文化是个体成长的参照系，也是个体发展的营养源，现代社会的审美文化日益复杂和丰富，对中学生的影响也从没有像现在这样全面和深刻。

首先，传统审美文化塑造了现代中学生审美发展的民族性特征，如中学生的审美方式和审美趣味与传统审美文化中追求抒情、含蓄的特点有着十分密切的关系。不过，这些特点常常是在特定的文化氛围中不自觉地形成的。

其次，以现代社会文化和技术为依托的现代审美文化成为中学生审美活动的主要对象，特别是在课余活动时更是如此。由于现代的文学艺术更注重个体情感的宣泄，主题、形式及构成要素都更通俗易懂，使中学生更热衷于欣赏富于现代意义的文艺作品。这一方面是由中学生特有的喜欢新奇与时髦的特点决定的，另一方面也与中学生没有足够的能力与时间从事更高级的审美活动分不开。因此，我们在学校中既可以运用现代大众化的文艺进行美育，但又必须指出其不足之处；更重要的是必须从培养高雅的审美趣味和高尚的审美观念的角度出发，提高学生对优秀的文学艺术作品的鉴赏和批评能力，促进学生审美鉴别能力的提高。

# 第四章 语文教学与审美教育的融合

对于美育的目的、任务和价值，许多人的认识是模糊的。在他们看来，审美教育在与理智教育、道德教育的结构关系中居于从属地位，美育只是为智育、德育服务的，无所谓自身的目的、任务和价值，语文学科美育也只是语文学科智育和德育的附庸。因此，有必要专门讨论美育与语文美育的目的、任务和价值，为美育与语文美育正名。

## 第一节 语文美育的目的和任务

在语文学科中实施美育，符合政府教育部门提出的美育要求，通过美育能达到促进学生全面发展的目的。从本质上来看，语文的美育教育和单独的美育教育目标是一样的。开展语文美育教学活动可以帮助学校实现美育的最终目的，因此需要认识语文美育的目的及任务。

### 一、语文美育的目的

#### （一）美育的目的

开展美育教育活动是为了满足学生的审美需求，提升学生的审美能力，有助于学生实现全面发展。

人类社会产生以后，在生产活动中逐渐形成了美育的理念，这一过程中社会与个体也得到了完善。马克思曾经对人的形象做出评价，认为"人的外在是遵循美的规律去塑造的"[1]。美育遵循了美的规律，并按照这种规律对人进行塑造，"让人产生非常深刻的印象，而这种理念就属于美育的内容"[2]。马克思对于生产活

---

[1] 马克思，恩格斯.马克思恩格斯全集：第42卷［M］.北京：人民出版社，1979.
[2] 同上.

45

动也做出过评价，"生产的对象是为了主体而存在的，同样对象也能够产生主体。因此艺术形象出现以后，需要有会欣赏艺术的群体存在，艺术才能不断地去创作和完善"①。审美活动需要存在两个方面的主体，即创造美的群体和欣赏美的群体，双方在审美关系中占据了重要的位置。随着社会的发展，审美对象变得更加多样化，而审美关系却始终存在，并且形成了主体和客体的循环。人类社会的进步，就是对美的追求的结晶。

美育作为一项审美育人的系统工程，从时间序列上看，包括婴幼儿美育、中学生美育、中老年美育等阶段；从空间序列上看，包括家庭美育、学校美育、社会美育等三个子系统。早在1922年，蔡元培就指出："我说美育，一直从未生以前，说到既死以后。"他说："照现在教育状况，可分为三个范围：一、家庭教育，二、学校教育，三、社会教育。我们所说的美育，当然也有这三方面。"②

关于家庭美育，蔡元培说"照我的理想，要从公立的胎教院与育婴院着手"，这是美育最早的一步。胎教院是给孕妇住的，"孕妇产儿以后，就迁到公共育婴院"。两院都要选择空气清新、风景优美的地方。建筑要"匀称""玲珑"，避免"埃及的高压式，峨特的偏激派"。院中设有广场、庭园，以便漫步赏月；要配置泉水、鱼池、花木，陈列雕刻图画以供赏玩；应用与陈列的器具，要轻便雅致；艺术作品宜选用古典的、优美的，"凡有粗犷、猥亵、悲惨、怪诞等品，即使描写个性，大有价值，这里都不好加入。过度刺激的色彩，也要避去"③。总之，要让孕妇和婴儿在宁静优美的环境中休养生息，孕妇完全在平和活泼的空气里面，才没有不好的影响传到胎儿，这是胎儿的美育。

关于学校美育，蔡元培更是经常论及。他说"幼稚园是家庭教育与学校教育的过渡机关"④，这里不仅舞蹈、唱歌、手工是美育的专课，就连计算、说话也要具有美感，力戒枯燥。蔡元培多次强调：自幼稚园、小学，到中学、大学，都有美育的任务；凡是学校所有的课程，都没有与美育无关的。文学、音乐、图画，都有冷热的异感，可以从热学上引起联想。磁电的吸拒，就是人的爱憎。有许多美术工艺，是用电力制成的。他还认为："每一个学校的建筑式、陈列品，都要合乎美育的条件。"⑤

关于社会美育，蔡元培说："学生不是常在学校的，又有许多已离学校的人，

① 马克思，恩格斯．马克思恩格斯选集：第2卷［M］．北京：人民出版社，1972．
② 蔡元培．蔡元培美学文选［M］．北京：北京大学出版社，1983．
③ 同上．
④ 同上．
⑤ 同上．

不能不给他们一种美育的机会，所以又要有社会的美育。"①他设想：一是要设立社会美育的机关，承担美育的任务，如美术馆、美术展览会、音乐会、剧院、影戏馆、历史博物馆、古物学陈列所、人类学博物馆、博物学陈列所与植物园、动物园等；二是地方环境的美化，他列举了道路、建筑、公园、名胜的布置，古迹的保存、公坟的规划等项。蔡元培考虑得很周到："市中大道，不但分行植树，并且间以花畦，逐次移植应时的花。几条大道的交叉点，必设广场，有大树，有喷泉，有花坛，有雕刻品。小的市镇，总有一个公园。大都会的公园，不止一处。又保存自然的林木，加以点缀，作为最自由的公园。一切公私的建筑，陈列器具，书肆的印刷品，各方面的广告，都是从美术家的意匠构成。所以不论哪种人，都时时刻刻有接触美术的机会。"②

在美育的三个子系统中，家庭美育是学校美育和社会美育的基础，社会美育是家庭美育和学校美育的继续，而学校美育上承家庭美育，下启社会美育，指导并协调家庭与社会美育，是实施美育的关键。教育是培养人才的事业，学校是培养人才的地方，培养什么样的人才，是学校教育工作的出发点和归宿。学校教育是否实施美育，直接关系到能否全面贯彻国家的教育方针，培养全面发展的社会主义事业的建设者和接班人。

美育作为促进人的审美发展的教育，包括了众多内容，比如审美文化、审美教育和培养审美能力。对于审美文化而言，审美的范围非常的广泛，常见的有审美学的相关知识、艺术的发展历史等。在人类社会不断进步的同时，人们积累了大量的审美文化知识。人的寿命是有限的，不可能经历整个审美发展的过程，因此经过长时间的审美传承，人们的审美理念才能逐渐形成。审美教育可以帮助个人有效地获得审美文化知识，从而提升了个人的审美能力，以应对当前时代的审美需求。在面对审美活动时，个人产生的能力包括了对周边环境、社会、艺术、科技、自然等方面产生的审美认知。因此审美文化非常重要，是构成审美活动的基础及前提条件。人类的审美活动又是人类审美文化的丰富和发展，两者互为因果，相互促进。

我们不妨把人类审美文化知识的教育称为理性美育，把人类审美活动能力的培养称为感性美育。理性美育与感性美育的区别在于：前者主要是以理性的形式实施的，可以有明确的教学内容和要求；后者主要是以感性的方式进行的，如杜甫诗云"好雨知时节，当春乃发生。随风潜入夜，润物细无声"。理性美育与感

---

① 蔡元培.蔡元培美学文选［M］.北京：北京大学出版社，1983.
② 同上.

性美育的共同点在于：两者无论是寓教育于审美，还是在审美中实现教育，都必须是美的，能唤起受教育者的美感的，因而也都是自由的。

美育包括美学基础知识的教育但它不能等同于美学的教育，美育包括审美情感的教育但不能等同于情感教育，美育包括社会美的欣赏与创造的教育但不能等同于德育，美育包括艺术美的欣赏与创造的教育但不能等同于艺术教育（更不能等同于艺术技能的操练），美育包括中学生美育但不能等同于学校美育，美育是美育学原理的实践但也不能等同于美育学原理的教育。

学校美育是由教育者对学生进行以高尚社会情感为基本内核，以生动的艺术教育为中心环节的审美教育。它借助于自然美、社会美、艺术美、科学技术美和各学科本身的美等，培养学生健康的审美趣味、正确的审美观点和感受美、鉴赏美、表现美、创造美的能力，使他们养成热爱生活、美化生活的良好习惯。

学校美育一方面促进学生的审美发展，另一方面促使他们在德、智、体、美、劳等方面全面和谐地发展。根据人的一生接受的学校教育的不同层次，学校美育还可分为幼儿园美育、小学美育、中学美育、大学美育等层次。中小学学生就像一块璞玉、一张白纸，早期的雕琢和描绘来得容易而且有效。因此，美育对于中小学学生的成长具有十分重大的意义。在人的一生接受美育的过程中，学校美育是关键，而小学美育又是关键中的关键。包含语文美育在内的学校各学科美育，是学校美育的重要组成部分，也是学校美育实施的重要渠道。

近年来，随着国务院办公厅《关于全面加强和改进学校美育工作的意见》的颁布，包括语文美育在内的学校美育，更是被摆到了突出的位置。尽快改变学校美育工作薄弱的状况，将美育融入学校教育全过程，已经逐步成为教育主管部门和广大教育工作者的共识。

### （二）语文美育的教学目的

《义务教育语文课程标准（2022年版）》指出："语言文字是人类最重要的交际工具和信息载体，是人类文化的重要组成部分。语言文字的运用，包括生活、工作和学习中的听说读写活动以及文学活动，存在于人类社会的各个领域。"

教育部门规定的语文课程教学目标是培养学生使用语言及文字的能力，让学生的综合素质得到增长，并且语文课程是学习其他课程的重要前提，语文教学关系到学生的世界观、人生观和价值观的形成。良好的语文教育活动有助于学生形成良好的人格、确保心理的健康，因此语文教学活动是学生实现全面发展及终身发展的基础。在语文课程中有大量的传统优秀民族文化，这些内容是经过文化的传承不断延续下来的。语文的教育活动可以强化学生的民族认同感,培养学生的民族自信心和凝聚力,在文化创造上能够起到对应的作用。

在语文课堂上开展审美教育就叫作语文美育。在语文教学中融入美育素材,可以让语文教育活动变得更加丰富,提升学生的审美能力,满足学生审美的诉求,使学生发展个人审美能力。这不仅提升了个体的审美情趣,也使学生可以获得全方位的发展,确保了个体与社会的和谐共存。

在学校进行语文美育教学,通过分析学生的审美需求再制定出对应的审美教育内容,使学生形成审美能力和审美意识,为学生创造出好的审美条件,在生活中也要给予指导,让学生充分发挥审美能力。

中学生的语文美育结合了学生的审美心理特征,针对不同阶段的学生采取对应的审美教育理念,比如在学生群体中使用游戏的美育教育方式。对于学生来说游戏活动属于生活当中的一部分,有助于提升学习的效果,也成为审美教育方式。

在学校内进行语文美育,可以运用教育学的相关理论,并且结合美育学科的理论,会产生良好的效果。语文教学活动可以使用多种形式的教育理念和方式,丰富审美的活动类型,活动期间学生就可以树立正确的审美观念,在语文课堂上也能理解语文教学的审美特征,不知不觉中就能够提高自己的鉴赏能力,在面对新的元素时也能展现出不一样的审美表现。在生活方面,审美观念也可以使学生净化心灵,指导学生形成健康的生活方式,完善学生的审美心态,让学生获得健康的发展,并且学生的个性和人格在此期间也得到了完善。

## 二、语文美育的任务

现代化的教育活动应注重社会主义教育的特质,语文美育教学活动也应遵循马克思主义的美育教学理念。开展中学语文教学活动必须遵循对应的任务目标,首先是构建审美意识,为中学生建立良好的审美态度,即形成良好的审美观,通过健康的审美观念要求学生养成良好的审美修养;其次是重点培育审美能力,让中学生可以感受到美好的事物,并主动去创造美,丰富学生的个性及人格。以上两个方面属于语文美育的教学目标及任务,这与美育的教学目的是一样的,因此美育教学任务和语文美育教学的任务在本质上是没有区别的,通过语文美育的路径去实现美育的任务是当前学校的普遍做法。

### （一）审美意识的重建

#### 1. 审美观

人们的社会生活实践中就包括了大量的审美活动，在此期间人们形成了对美的理解和欣赏创造，这些标准都属于人们的审美观的组成部分，是人们站在审美的视角看待世界并产生的一种看法，可以归类到人们的世界观中。

审美意识共同组合在一起形成了审美观念，人们产生不同的审美观念是因为社会上的意识存在多样化属性，导致审美观出现了社会性、时代性及民族性的特征。从人们的生活场景来看，人们的生活遭遇、世界观和文化底蕴都有很大的差异，这就体现出了审美观的个性化。

建立良好的审美观念，人们的审美标准才会更加科学合理；制定健康的审美标准，面对生活当中的事物我们才能形成健康的认识。培养审美能力关系着人们的审美理念，好的审美标准有助于人们按照科学的规律去改造世界，并产生良好的认知。如果缺少合理的审美标准，人们就很难去分辨美和丑，就无法真正地追求美好的生活，更谈不上创造美好的事物。中学生群体一定要形成良好的审美观，培养健康的生活情趣，并且要树立崇高的理想，学会分辨真正的美丑和善恶。作为中学生也有义务遵循审美的标准提升个人的审美能力和实践水平，有效地构建健康的审美意识。

可以通过以下两种方式构建出正确的审美观念，首先是在实践活动当中积累实践经验，比如将审美的知识、审美的想象、情感等因素积淀起来，长期下去就能积累出大量的审美观念。其次是主动学习审美相关的理论知识，接受关于美的教育理念。在中小学阶段家庭的美育和幼儿园给予的美育，已经让学生产生了相关的认识，但审美的特点是通过直觉去感知的，难以形成稳定性，并且学生的知识储备、年龄特征等存在一定的局限性，束缚了审美的发展，特别是缺少系统化的美学基础灌输，在审美方面存在的审美理念为感性的，只能从外在条件去理解美的事物，并不能真正意识到审美。在审美观念上处于零碎的状态，难以形成系统化观点，这也是很多中学生在审美方面的不足之处。在来到了学校之后，为了让学生将审美当作一种理论去学习，不再只关注个人的直觉就需要向学生传达审美的常识和理论，逐渐提升学生的审美能力。

#### 2. 审美情趣

人们在审美活动当中会有各自的爱好，并且表现出个人的审美倾向，这种审美的趣味就叫作审美情趣，人们在现实生活中面对不同的事物产生的审美观念各不相同，而这种情绪带有一定的情感色彩，并且具备了个人的特性，产生的内容是具有主观性的，体现出个人的爱好及兴趣。培养健康的审美情趣，要把握好审美的动机，在此期间养成积极的情感因素。

在不同的时代，人们的审美情趣有很多风格，但从外在表现形式上来看，审美情绪体现出了个人的主观偏爱，这种现象并不是单独存在的，与当时的社会审美背景有一定的关联，体现出了当时社会的理想状态，因此具备了社会历史的特点。从这一点也能够发现审美情绪包括了差异性、多样性及特殊性的内涵，但在特殊历史的时代背景下又具备了客观的普遍性和一致性，因此双方是互为依存的辩证关系。

从阶层上来看，人们的审美情趣有不同的区别，人们站在各自的角度，即使是在同等阶层内部人们的审美情绪依然会存在差异。在我国古代有一部分知识分子，将动物和植物作为自己情怀的一种体现，比如菊花、梅花、松树和竹子，通过植物的某种秉性来表明自己的审美情趣。历史上，陶渊明非常喜欢菊花，陆游非常喜欢梅花，王安石则非常崇拜松树，郑板桥则喜欢竹子，所以人们的审美情趣各有特色。

通常情况下审美情趣是经过后天的培养才能形成的，使用健康的培养理念人们才会形成好的审美情趣。根据马克思主义相关的美学原理，我们可以了解到艺术的美以及丑。在不同的理念状态下，人们的审美形象有一些差异是正常的。生活中我们能够看到的现象是美的还是丑的，是通过外貌特征来分辨的，但与此同时也要进行审美实践活动，只有经过大量的实践人们才能够正确认识到审美情绪，并且提高自己的审美理念。有了良好的审美情绪，人们内心才会向往美好的事物。培养审美情趣，建议通过艺术的方式来展现。我国美学家朱光潜认为，在面对文学作品时，我们要与孩子的心态一样，保持好奇心，就好比侦探一样将这种探索精神当作一种爱好，在这期间可以形成一定的技巧。这一点也能够表明审美情趣会对艺术作品的审美产生较大的影响，健康且客观的审美情绪有助于我们发现艺术作品的思想内容及价值。在看到不一样的新鲜事物时，我们就可以真正理解艺术技巧，而并不是好奇思想作祟。在中学生群体中培养学生健康的审美情趣，可充分发挥出语文教学的优点，鼓励学生多去学习美学知识，并积极参与到艺术审美实践活动中，多学习文学艺术内容。

在实践方面，人们的审美情绪通过大量的实践活动就能积累出各自的情感。只有大量的积累人们的情感因素才会变得更加丰富，并且周围的环境也会影响人们的审美情绪。在无意识中，人们会受到环境的影响和周边人的影响，即使人们并不愿意承认，但是这种影响是存在的。大多数中学生没有具备成熟的审美能力，在面对外部的事物时，难以有效判断其美丑，所以对于他们来说审美情趣就属于模仿行为，例如，在社会上兴起的潮流学生会模仿，有些负面的行为学生也会模仿，并且认为这是有趣的，因此难以产生健康的审美情绪培养效果。

### 3. 审美文化修养

审美文化修养关系到审美观念的重建，因为审美群体通常情况下会有一定的文化修养作为基础。马克思曾经提到过艺术的享受活动对于人有一定的艺术要求，只有具备了艺术修养，才能获得艺术上的享受。欣赏音乐艺术就一定具备相应的音乐美感，否则听音乐就像做一件没有意义的事。

要想提升审美修养，必须学习对应的美学理论知识，两者是相辅相成的关系。学习美学的理论可以将文学艺术结合起来进行大量的实践活动。专家学者们研究美学，主要是分析文学艺术，所以有很多审美的名词和审美的概念都是经过文学艺术的创作展现出来的。在文学艺术中，人们不仅创作了大量的作品，同时也欣赏了很多作品，在此期间人们就形成了一定的经验。在美学理论上有众多学科交叉，比如美学就关联了历史学、文艺学、伦理学、心理学、哲学的内容。

那么，怎样在语文教学中提高中学生，特别是高年级学生的审美文化修养呢？

首先，利用语文教学课堂，让学生能够认识到美的基本形态及特征。人们在面对世界时产生的感性认知就叫作美，其中包括了社会性、形象性、情感性等特征。只有美的事物才能吸引人们的注意并产生魅力，获得人们的认可。如果人们掌握不了美学修养，就无法理解什么是美的什么是丑的，在遇到事情的时候，很容易被表面现象所迷惑，影响了判断的准确性，这就给我们的生活带来了困扰。在中小学课堂上，教师要为学生展示审美的本质，并且讲述人们的创造力和思想，鼓励学生树立崇高理想，真正为社会去做贡献，这样的人格才是相对完美的。

其次，语文教学活动可以讲解美学的特征及审美过程，让中学生理解什么是审美，什么是审美过程。学生掌握了审美方面的知识，将这种知识应用到生活环节，提升个人的审美修养和审美能力，这样有助于提升学生的感知度，使他们能够深入分析美学的内涵，这样才能做到正确地理解审美。

语文教学活动当中有众多关于美的知识，所以要向学生讲解美的规律和知识，而这一概念是马克思之前提出的命题。美的规律是指人们创造美的过程中所产生的一种表现出来的共同性特点。真和善统一在一起就属于美的规律特征，在中小学生群体中开展语文美育活动任务较重，要让学生理解审美理念，同时也要做好引导工作，指导学生去创造美和追求美。

针对中小学生开展美学教育活动，目的是让学生掌握美学的基本知识，并提高个人的审美修养。在此过程中，教师需要注意教育的度，难度较高会影响学生的认知，因此可以让学生进行广泛的阅读，特别是阅读优秀的文学艺术作品，从中学习审美的基本修养。

### 4.高尚的人生态度

运用艺术的理念去理解生活，这关系到人们的人生态度；培养学生养成良好的人生品格，也关系到美育教学的任务。让人们掌握审美的基本标准是发展美育的重要目标。在面对复杂的社会矛盾时，保持高尚的人生态度，是非常有必要的，而这与人们的生活情绪也有关系。

不同题材的文学作品都有各自的价值，比如小说、诗歌、音乐等。面对这些类型的艺术题材，人们不仅要做到会欣赏，并且要将艺术的精髓吸取到自己的身上，形成健康的审美情绪。经过艺术的熏陶，我们的生活习惯发生了变化，周围的人也能够感受到我们的言谈举止变得更加优雅，这样的审美修养才会产生效果。艺术和生活是密切相关的，有的人非常热爱艺术，但是在生活中却评价不了美和丑，因此他们的审美修养是不健康的。在个人形象管理上运用艺术可以起到一定的效果，但这种效果是有限的。美育教育的任务是让人们懂得艺术，并且理解艺术家的思想，并形成正确的审美观念，养成好的审美情趣，那我们在生活中可以正确地看待审美现象和艺术行为。

## （二）审美能力的培养

### 1.审美感受能力

每个人都有自己的感受器官，通过自己的器官来对外界事物形成认知，这种感受美的能力就叫作审美感受能力。拥有良好审美感受力，可以提升人们的审美能力，并且审美感受能力是审美能力当中非常重要的基础部分，关系到后期的审美表达和审美创造，是开展其他审美活动的重要前提和基础。

人们的生理结构和机能影响着人们的感受能力，另外，人们的生理基础大致相同，但后期通过后天的培养就能展现出不一样的审美感受力。苏联作家帕乌斯托夫斯基在《金蔷薇》中记载了这么一件事：法国画家莫奈到英国伦敦去画著名的威斯敏斯特教堂。他是在平常的雾天里工作的，在他的画上，教堂的哥特式建筑的轮廓在雾中隐约可见，画是极精美的。可这幅画展出时，却在伦敦惹起了一场风波。他们对莫奈把教堂尖顶上空笼罩的雾气画成紫红色惊愕万分。莫奈的大胆妄为引起了人们的愤懑，但当愤懑的人们走出展览大厅，仔细观察伦敦上空的雾气时，他们才第一次发现那雾确实是紫红色的，原因是浓郁的尘烟和伦敦的红砖瓦房使雾气染上了紫红的色彩。这时，人们无不赞叹莫奈敏锐的审美感受力，将他誉为"伦敦雾的创造者"。这个故事生动地说明：美是到处都有的。

运用审美感受能力，我们就能收获多种多样的美感，审美方面有简单的和复杂的，并且审美的类型也有不同之处，比如在颜色、声音和外貌上形成的感知就各不相同，通过感觉器官我们就能够判断不同的颜色，听到不同的声音。在审美方面，人们的认知和情感是共同存在的，为了感受到艺术作品的美，必须通过感觉器官来实现。建立了正确的认知，我们就能获得良好的体验，但是审美感受能力是通过后天去培养并且逐步形成的。

审美感受是通过人们的审美感知能力收集而来的，假如审美者缺少敏锐的感受能力，就难以形成多样化的体验，就难以获得审美感受。在阅读诗歌的时候，我们要通过敏锐的感知力去理解每个词语的韵律美；在看电影的时候，要理解电影画面的美感；在欣赏自然风光的时候，要能够感知风景的美丽。如果难以产生感知力，就无法正确认识到外部事物的美感，所以审美教育活动是为了让人们具备发现美的能力，能够从现实中寻找美。

开展审美教育最基础的就是要让人们认识到审美能力的重要性，训练人们的感觉器官，提高敏感性，在实践活动中感受各种事物的美。在现代社会中感受能力非常重要，应注重培养中学生的感受能力，让他们能够及时感受社会的变化。

2. 审美鉴赏能力

审美主体结合个人的生活经验、艺术修养及理解能力，对审美对象实施客观的评价，在此期间就能获得美感，这样的过程就叫作审美鉴赏，而产生的对应能力就叫作审美鉴赏能力。只有对审美形成了一定的感受才会体现出审美鉴赏能力，我们看到艺术作品以后第一印象产生的认知，对于审美鉴赏也有很大的影响。通过多次实践活动积累了大量的经验，有助于我们快速地把握事物的美感，这种能力让我们更好地理解审美。

审美鉴赏包括对美的事物的鉴别和欣赏。在审美活动中，鉴别和欣赏两者是密不可分的，有鉴别才有欣赏，鉴别是为了更好地欣赏。审美鉴赏的范围很广，既有简单的、初级的内容和形式，也有复杂的、高级的内容和形式。前者如对日常生活中服装用具的鉴定，从而识别它们的美丑，后者如对美的形态（自然美、社会美、艺术美、科学美、技术美等）、范畴（优美、崇高、悲剧美、喜剧美等）和程度（比较美的、美的、最完美的等）的评定。审美鉴赏能力的高低主要由审美者的审美观、审美情趣和审美文化修养等决定。

每个人都有各自的审美标准，然而人们的审美鉴赏能力存在很大的区别，即使是面对同一种事物，有的审美主体能够认识到美感，有的审美主体却产生了截然相反的观点。这是由于人们的审美情趣、审美标准和文化积淀存在一定的差异，由此可见审美鉴赏能力对于人们的审美结果产生了较大的影响。审美鉴赏能力良好的人可有效地分辨出事物的美感，并且在面对审美对象的时候能够有效地鉴别艺术价值，从而获得了对应的审美体验。通常情况下，人们的文化素养越高，审美实践经验越丰富，产生的审美能力就越强。

对于事物进行鉴赏，必须把握合理的尺度。审美鉴赏尺度就是针对鉴赏者的感受加以调控，每个人的审美能力都存在差异性，想要做出正确的评价并不容易，所以在审美鉴赏上并没有绝对的对错之分，审美鉴赏尺度体现出了审美的普遍性及差异性，并且二者是统一的。培养中小学生具备良好的审美鉴赏能力，需要关注审美的个性化特征，尊重每个人的爱好和审美观点，但是也要注重对学生进行引导，让学生的审美能力符合时代和社会的要求，不能违背社会的主流意识。每个人的审美鉴赏尺度应结合时代发展的背景，受到民族性、社会性的约束，不能过度地追求个性化而违背了原则。

德国著名思想家歌德（Goethe）说：　"鉴赏力不是靠观赏中等作品而是要靠观赏最好作品才能培育成的。所以我只让你看最好的作品，等你在最好的作品中打下牢固的基础，你就有了用来衡量其他作品的标准，估价不至于过高，而是恰如其分。"[①] 培养中学生的审美鉴赏能力，就要结合语文教学，引导中学生多接触优秀的文学艺术作品，取法乎上，日积月累，耳濡目染，审美鉴赏能力自然会逐步形成并得到提高。

在现实生活中，既有美，又有丑，美和丑是相比较而存在的。丑就在美的旁边，畸形靠近着优美，粗俗藏在崇高的背后，恶与善并存，黑暗与光明相共。培养中学生的审美鉴赏能力，特别要注意提高他们对事物美丑的辨析能力。通过美和丑的对比、鉴别和评判，让他们真正懂得什么是美、什么是丑，为什么美、为什么丑，这是提高中学生审美鉴赏能力的有效途径。

---

① 　陈文忠."鉴赏力要靠观赏最好的作品培育"——《歌德谈话录》阅读之二[J].学语文,2023(2):3-7.

3. 审美表现和创造能力

提升了人们的审美能力以后，目的是更好地改造世界，这一点和人们认识世界的初衷是一样的。在此过程当中，人们可以学会感受美及鉴赏美，将更加美好的事物创造出来，形成创造美的能力。因此只有认识了美并且学会鉴赏美，人们创造美的能力才能够提升。美育的任务是结合实践活动，培育学生理解美的能力，并遵循美的规律让学生学会创造美。

在参与社会实践期间，人们可以发挥出个人的能力把握美的规律，并且构建出美好的事物，因此拥有良好的审美能力及创造能力是十分重要的。

人的审美表现和创造能力体现在人的实践活动的方方面面，主要包括以下几个方面：①人的美（包括人体美和人格美）的表现和创造；②环境美（包括自然环境美与社会环境美）的表现和创造；③艺术美的表现和创造（包括艺术的表现和创造，以及艺术欣赏中的再创造即创造性地接受艺术）；④科技美（包括科学美和技术美）的表现和创造；⑤劳动美的表现和创造；⑥生活美的表现和创造等。审美表现和创造能力的培养，也包括传授各种表现和创造美的技巧技法（如音乐、美术、文学表达的方法与技巧，乃至交往、言语、行为、服饰、美容的方法与技巧）等方面。

在中学生群体当中，培养审美表现及创造能力，可以从表现欲望方面入手，激发出学生的想象能力和欲望。在课堂上语文美育教学可以展现给学生美好的一面，鼓励学生追求自己的理想，并且让学生产生好奇，引导学生勇敢地去探索，不断地去创新并且积极地去改造客观的世界。中学语文教学应当充分应用语文教学的资源，帮助学生做出精准的定位，寻找自己的理想，鼓励学生利用创造性思维发挥出创造力。

培养中学生的审美表现和创造能力，就要使他们初步懂得表现和创造美必需的各种规律性知识，并初步掌握表现和创造美的才能和技巧。无论是物质产品的美的创造，还是精神产品的美的创造，都离不开一些专门知识。表现和创造美的技巧是指熟练地运用一定的物质手段，将头脑中构想的美的蓝图表达出来的能力。技术是技巧的基础，技术是创造主体支配他使用的物质材料的能力。比如，甲、乙两人演同一出戏，观众认为甲的表演"够味"，而乙表演的"不是那么一回事"。其实，乙在表演中并没唱错一句，也没走错一步；也就是说，乙的唱白和做工都合规格。尽管都合规格，但整个表演缺乏神韵。合乎规格的唱白和做工，是技术；能把剧中人物随时在变化的思想情绪恰到好处地表现出来，演得神韵盎然，这才算有技巧。由此可见，技巧不是一些个别方法的总和，而是一种用完美的形式反映生活、塑造物体的本领。人们只有掌握表现美、创造美的技巧，才能按照美的规律表现和创造出内容和形式完美统一的作品。

培养中学生的审美表现和创造能力，还要注意培养和尊重他们的创作个性。美是千姿百态的，人的审美需要是多种多样的，美的表现和创造也应该是个性化的。清代大画家石涛主张在艺术创作中"我自发我之肺腑"。在他看来，绘画艺术绝不是对自然万物的刻板的复制和描摹，当然更不是师古不化、仿制前人的画迹。绘画艺术只能是艺术创作主体的审美意向、审美情感和审美理想的反映和表现。清代艺术家郑板桥也主张："学者当自树其帜。"他提倡为文作画应摆脱一切外来的干预和束缚，大圣大贤、古今法则都不应成为牢笼。作家对生活要有自己的见解，表现在作品中，就是要有自己的创作个性，形成自己的艺术风格。在审美教育中，不仅应培养个人独特的审美感受、审美理解，更应尊重个人的独特创造。

个性化发展是必不可少的，在中学进行语文美育，应关注个性化发展特征，满足学生的创造欲望和审美表现需求。提升学生的审美表现及创造能力的方式非常丰富，常见的有举办征文活动，让学生针对某个主题进行发挥，这样就能创造出不一样的思想。另外可以组建实践活动小组去户外进行实践，培养学生各自的爱好和特长。

在中学生群体中开展语文美育需要培养美的感受能力，这是最为重要的基础，提升鉴赏美的能力则是更高级别的要求，让学生了解美的外在表现和创造方式成为美育的新方向。只有让学生产生了健康的审美意识，人们的审美情趣才会符合社会主流。通过个体的审美进步带动整个社会的进步，这才是个体和社会的同步发展。

# 第二节　初中语文审美教学分析

## 一、初中语文审美教学的理论依据

1951 年 3 月，第一次全国中等教育会议提出从智育、德育、体育、美育等方面促进学生的全面发展，美育正式进入我国教育事业中，以文件形式规定了美育的地位。然而，语文审美教育的正式确定却历经曲折，广大语文教育家为此进行了积极的探索。探究语文审美教育的理论发展有利于语文教育界、广大语文专家及教师更深刻地理解其内涵，明确其本质，使初中语文审美教学朝着更深化的方向前进。

美育在我国古代已经存在且不断在更新，在先秦时代孔子所提倡的诗教和"书、数、礼、乐、御、射"六艺课程中的"乐"便是我国最早的美育。我国语文课程审美教育本体论的理论发展大体上经历了从以儒家思想为核心的诗教课程审美理论，到近百年来伴随着语文学科性质的确立的语文审美教育，最后到新课改背景下语文课程审美教育理论这三个阶段。而在这个历程中，语文课程审美教育本体论从关注主体生命，到追求科学理性，再到重视个体生命，可以看出对于个体生命的追求是语文审美教育的本质追求。

古代的语文课程审美教育是通过诗教展开的，孔子认为"《诗》三百，一言以蔽之。曰：'思无邪。'"，"《诗》可以兴，可以观，可以群，可以怨。迩之事父，远之事君，多识于鸟兽草木之名"，可见，诗教课程审美教育是一种关注主体发展的本体论，涉及主体对事物的体验能力、社会生存能力及人格道德能力等方面，以主体和万物之间的和谐为核心，在教育中涵养自身是古代语文课程审美教育本体论的主要理念。到了宋代，南宋理学家朱熹对理性的极致追求导致把人的欲望也压抑到极致，主张在克制与自由中修身养性，一切以"理"为准则的朱熹美学其实是探寻"理"的一种语文课程的审美教育理论，在"理"的禁锢下，形式大于情感的语文审美教育压抑了个体意志的自由发展。

到了 19 世纪，我们对语文学科性质的探究与定论促进了语文课程审美教育本体论的发展，也使语文课程审美教育本体论从科学理性走向了人文关怀。在西方资本主义势力的入侵下语文教育开始跟随世界现代教育的潮流走向了现代化，审美的现代性和科学价值是语文作为一门独特的学科的重要内容。语文的科学价值主要在于语文的工具性，语文是重要的交际工具，也是学好其他学科的重要工具。工具性奠定了语文学科的科学价值，而语文教育的审美现代性在此时还是处于缺失的边缘状态。然而当时的许多大家还是对其进行了探究，王国维、蔡元培、鲁迅等大力倡导美育，叶圣陶、朱自清、夏丏尊等致力于语文美育的构建，创作了很多在语体、叙事方式、审美视角和主体内容方面都具有美学特点的作品。2001 年《义务教育语文课程标准》明确了工具性和人文性统一作为语文学科的性质，语文审美教育开始走向关注文本美和人文价值的道路。

新课改背景下，语文审美教育又具备了新的特点：首先是对于审美主体及其发展的重视，包括全体学生的语文素养的培养以及学习方式的转变。学生语文素养的培养面向全体学生，全面发展；学习方式从被动地接受学习到自主、合作、探究的发现式学习。其次，对学生审美能力的重视，高中语文课程标准明确指出语文课程要培养学生的审美感知和审美创造的能力，可见对于培养学生的健康人格和审美能力已是语文课程的基本追求。

纵观语文课程审美本体论的演变，审美教育已经成为语文教育中最基本也是最重要的一部分。作为学生健康完善人格的营养来源，作为和谐社会的推动力量，审美教育已经成为必不可少的存在。同时，我们也可以看到，关注审美主体的生命体验和人生价值是语文审美教育一直以来的命题。由此，任何关于初中语文审美教学的研究都要在语文特性下，坚持以人为本的理念。

## 二、初中语文教材中的审美元素与审美教学原则

初中语文审美教学根植于初中语文教材，根植于语文课堂，是语文教师、学生、语文学科三者之间的情感流动。分析初中语文教材审美元素和探寻初中语文审美教学原则，有利于教师充分把握初中语文的审美元素，有方向、有标准地开展初中语文审美教学。

### （一）初中语文教材中的审美元素

初中语文审美教学的主要凭借对象是初中语文教材，而现代语文教材的内容主要由四种要素构成：范文系统、知识系统、实践活动系统（练习系统）、助读系统。每一个系统在初中语文教学中各自发挥着不同的功能，而因范文系统蕴含丰厚的审美元素，助读系统和实践活动系统对初中语文审美教学有很大的影响力。因此，下面将主要从初中语文范文系统、助读系统和练习系统三方面来进行阐述。

1.初中语文教材范文系统中的审美元素

语文教材选文可分为"定篇""例文""样本""用件"四类。此外，语文教材还可以分为艺术型作品、实用性作品、混合型作品三类。艺术型作品是典型的美文，实用性作品即一般的记叙文、说明文和议论文，混合型作品为兼有文艺性的科学文、小品文和知识文。初中语文教材中的选文符合社会主义核心价值观、社会价值、初中生发展特点、课程标准等各方面的要求，这些作品都蕴含着深厚的美的因子。开展初中语文审美教学之前，我们需要对初中语文教材中文本本身的美进行具体了解，以便在初中语文教学的过程中进行充分的挖掘。无论是艺术型作品、实用性作品抑或是混合型作品，语文文本都具有无限的美，文质兼美是语文选文的第一属性。初中语文教材作品具备语言美、结构美、意蕴美等主要审美因素。

（1）语言美

语言是一切文学作品的载体。作为个体借以表情达意的工具，语言是理智的且又是动人的。当语言承载了作者情感的时候便有了灵性，读者才能透过文字走进作者的内心深处，理性的语言符号才会变成流淌着人类个体的情感印记。好的文章是形神兼备的，形就是文章的形式，神就是文章的内容。只有内容搭载与之相匹配的语言形式，这篇文章才会具有典范性，才能将作者的情感淋漓尽致地表达出来。语文课本中的文章语言既具备一般的语法规则，如语法构成、修辞手法、语言组织秩序等，又具有审美特质。其具象性、增殖性特点让初中语文审美教学为语言鉴赏增添了更多的美，此外，语言的韵律会带给学生一场美的听觉享受。

文学语言是一种形象性的语言，具有绘声、绘色、绘形的具象性。作者将自己心中的形象用语言描绘出来，读者通过自己的联想和想象将文中的形象再现出来，当然每个读者所再现的形象是不同的，这是由个人差异性所决定的。也正是由于语言的具象性为初中语文审美教学留下了很大的审美空白，需要教师和学生自由想象并进行创造，如《陌上桑》中对罗敷的外貌有这样的语言描写："头上倭堕髻，耳中明月珠。缃绮为下裙，紫绮为上襦。"作者从罗敷的服饰来描写罗敷的美丽，面对同样的文字，学生所想象的罗敷却是千差万别的。

语言的增殖性指的是语言运用一系列手法如比喻、夸张、拟人、互文，为文本增添了新的美感。如《木兰诗》结尾的描写"雄兔脚扑朔，雌兔眼迷离。双兔傍地走，安能辨我是雄雌"，运用巧妙的隐喻将读者心里的疑惑消除，传达给学生最重要的意义是木兰勇敢无畏、巾帼不让须眉的精神品质。此外，文学语言的表达技巧还包括通感、虚实相生、对比映衬等，这些技巧的使用对于初中语文审美也具有重大的意义，在具体的作品赏析中需要教师与作者情感结合起来进行深度的分析。

任何语文教师开展语文审美教学都会采用一种方法即朗读法，这是语文教师甚至学生都熟知的共识，那么朗读法能够永久存在语文教学中的原因不仅在于朗读有诸多好处，更在于语文文本语言具有一种韵律，而这种韵律使静态的语言文字变化为跳跃的音符。在初中语文教材中最具有音律美的当属诗词，而诗词占据中国文化的一部分，作为一种精神文化发展至今。诗词的音律美在于其韵律的运用，分为押韵、平仄和对仗三种形式。随着时代的变化，诗歌便通过押韵来追求自身的语感美，但押韵的运用其实还有最重要的一点就是会使作者的情感回环往复，情感表达更加强烈。如现代诗歌《你是人间的四月天》中"四月天、云烟、月圆、白莲、呢喃"的押韵给人别具一格的意境美，林徽因细腻诗意的情感也由此传达出来。平仄声在古诗词中的使用使得学生读起来能够感受到一种抑扬顿挫之美。如马致远《天净沙·秋思》中"昏鸦、人家、瘦马、西下、天涯"中平声的押韵，使整首诗读起来朗朗上口。而对仗营造出诗词格式上的和谐对称，是一种赏心悦目的美。

《毛诗序》里说："诗者，志之所之也。在心为志，发言为诗。情动于中，而形于言；言之不足，故嗟叹之；嗟叹之不足，故歌咏之；咏歌之不足，不如手之舞之、足之蹈之也。"我们可以看出，诗歌在形式方面有一层内涵，即由嗟叹、咏歌发展而来的音韵。在初中语文审美教学中，我们往往采用知人论世、分析意象等方法去探究诗人真正的情感，往往忽略了其实声音也传达着作者的情感。诗人常常用尽心思选择合适的字来表达自己不易言说的感受。如马致远的《天净沙·秋思》，诗人在前三句中全部使用了形容词和名词，构成名词性词组，同时全诗句句押韵，言简意赅，在极简、巧妙的用词中营造出凄凉的意境，传达出诗人内心无限的悲凉。因此，文本的声音不仅使文章具有独特的音乐美，同时也是在帮助作者传情达意，语文教师要带领学生从声音出发，从语言出发，去接近更多的美。

（2）结构美

任何文学作品都是内容和形式的统一，内容指的是作者对万物的情感表达，形式是表现作品内容的内部组织结构和外部表现形态的总和，包括体裁、结构、语言、表现手法等。结构将作者的语言和情感和谐地串联在一起，使得文章具备完善的逻辑性，起到骨架的作用。那么结构美指的是文章通过和谐、统一的布局，精当、巧妙的裁剪，自然、严谨的衔接，从章节、层次、段落的排列组合中投现出一种起承转合、疏密缓急的动态结构。初中语文审美教学要注重鉴赏文章的结构美，是因为结构对于规范文字表达和情感释放是必然的存在。

常见的文章结构有以下几种：第一，纵贯式。以纵贯式展开的文章一般是以事件的发展或者人物的心理过程为线索而展开的，如莫怀戚的《散步》讲述了一件再普通不过的小事——散步，文章结构简单，但恰恰这种单一的结构能够让读者更真实地感受到这份情感。纵贯式结构符合中学生强烈的好奇心这一心理特点，尤其是按照事件的发展为顺序的叙事类文章，学生会急于想知道故事的结局。第二，横断式。横断式结构就像电影中蒙太奇镜头的使用，打破时空的限制，将两种没有联系的事物并列在一个画面中。同理，采用横断式结构的文学作品本身存在一条内在的线索，作者顺着这条线索的轨迹，多角度、多层次地描述多方面的事物，从而使得文章更具有层次性和立体感。第三，交叉型。交叉型指的是以事件顺序展开内容的同时，又采用了插叙和倒叙的艺术手段。这种交叉式的文章结构使文章更加跌宕起伏，学生随着作者的思维反复在眼前和过去之间穿梭，由此也在不断地产生思考。

每一个作品都是作者情感和文字的完美结合，作者对世间万物最真实的体验，对文章结构独具匠心的安排，构成了文章独特的美。在日常的初中语文审美教学中，语文教师要将文章的形式和内容结合为一个整体去分析，学生才能获得更多的审美知识，领会到结构的妙处，体会到作者内心的感受。

（3）意蕴美

在语文学科中，意蕴指的是文章所蕴含的情感和意义。意蕴是文学作品的灵魂，即使文章具有美丽的语言、高超的结构，没有了意蕴，那就是一副徒有外表的空架子。语文课程标准对初中语文教材里的课文已经做出了要文质兼美的要求，其自身的意蕴美不言而喻。如何在初中语文审美教学中更好地赏析文章的意蕴美，需要语文教师了解文章意蕴的特点和层次。

首先，文本意蕴是附体在文本之上的，需要通过外化的语言符号才能寻找到文章的意蕴美。《诗经》运用了一条非常重要的艺术表现手法，即比兴，诗人借他物言己情，运用比喻或者起兴的手法来表达自己的情感，正是采用这样的艺术表现手法，我们才会如此喜爱"桃之夭夭，灼灼其华"所呈现出的意蕴美。我们知道任何文字表达均来自作者对自身、社会、世界的观照，在切身体验中产生了情感和哲思，借以文字表达出来。文本的意蕴也就是作者的情感和哲思，一定是和外物融合在一起的。有的是作者本身有满腔的感受无法直接释放，因此寻找外在的事物以一种隐喻的方式将其释放；有的是作者在感知事物的过程中所产生的情感、哲思，然后借助文字将其呈现出来。如朱自清的《背影》一文，一次父子之间的送行，父亲的背影成了作者难以忘记的回忆。文章将笔墨着重在父亲的背影上，父亲为了给作者买橘子去攀爬月台的背影一时之间让作者感到心酸和羞愧而热泪盈眶。几年之后，父亲的背影在作者心中依然清晰可见，因此，作者写下了这篇感人至深、历久传颂的《背影》。文本中的外物是作者表达情感的载体，也是教师和学生借以分析作者情感的载体，更是赏析文本意蕴的载体。

其次，文本意蕴的层次性不是单一的，是由作者的主体意识、时代风貌和永恒哲思三方面构成的。作者自己的"表现"的需要有时比任何其他目的更重要。自我表达对于人的精神成长是非常重要的，所以人类发展史拥有数以万计的文学作品，跨越时代、国家、民族，引起人们的共同感受，这就是文本意蕴的魅力。个体意识作为文本意蕴的首要因素占据了文学作品的第一位置，在《散步》一文中我们看到的是莫怀戚对母亲的爱，在《社戏》一文中我们看到鲁迅对少年生活的怀念之情，在《秋天的怀念》一文中，我们看到史铁生对母亲无尽的懊悔之情……时代风貌作为文本意蕴的第二个层次是语文选文鲜明特征的一种类型，在初中语文教材中有映照古代风貌的文章，如陶渊明的《桃花源记》；有反映新世纪国家科技成就的文章，如杨利伟的《太空一日》。所以在我们的语文教学中常常会采用一种方法去分析作者的情感即知人论世，其实这就是语文教师对熟知文本意蕴中时代风貌的意识，每个个体的成长都会打上时代的烙印，一代人有一代人的追求，一代作品有一代作品的特征，这是每个个体都无法回避的，正因如此也造就了多姿多彩的文本意蕴。但值得一提的是，并不是每个时代的作品都可以流传至今，这也涉及文本意蕴的第三个层次——永恒哲思。永恒哲思指的是文学作品里引起人们普遍关注的共同主题，这些主题的意义不会随着时间的变化而消减，在任何时空都会引起人们心灵的震荡，是人类永恒追求、探索的事物。由一轮明月而引发的思乡之情，李白的《静夜思》跨越千年，每一个在外的日子，看到天上的明月，我们都会低语那句"举头望明月，低头思故乡"；苦闷迷茫时，我们无不羡慕陶渊明"采菊东篱下，悠然见南山"的惬意。也有从自然宇宙中产生的关于时间、生命的哲思，是我们每一代人都苦苦思考的命题，如杜甫在《望岳》中，面对高大巍峨的泰山，发出"会当凌绝顶，一览众山小"的雄心壮志；吴均在《与朱元思书》中通过"鸢飞戾天者，望峰息心；经纶世务者，窥谷忘反"表达出对自然美景的喜爱和对官场政务的厌倦。初中生处于一个非常有限的生活广度的阶段，对于外界的认知可能来自家长、朋友和网络，但这些途径都有一定程度的局限性，因此，语文课堂中审美教学为学生更清醒、更理智地看待世界提供了良好的平台。

初中语文教材中的文本美包括音律强烈的语言美、和谐对称的结构美、独特深厚的意蕴美，还有意象美、意境美等，值得我们每一位去探索、去品味，尤其是语文教师，在分析文本时要树立一种动态意识，不断地探索美的地方，带领学生在文字的森林里穿梭，看尽每一处风光。

2.初中语文教材助读系统对审美教学的影响

助读材料，就是教科书编者对整套书、一册书、一个单元、一篇课文的学习目的、学习要求、学习重点难点、学习方式方法等，所做的说明、提示或注释。助读系统有利于教师更好地开展教学，有利于学生更深入地理解课文。在初中语文审美教学中，关注助读系统，利用助读系统，有利于学生在第一时间定位文本内容的审美重点，明确审美的方向，习得审美方法，锻炼学生的审美能力。因此，语文教师和学生应加强对初中语文教材助读系统的关注与利用。初中语文教材助读系统的构成因素是丰富多样的，且在教读课文和自读课文中有共同之处，但也存在一些差异。纵观其构成要素，主要分为以下几类，如提示类、图像类、注释类、评点类、资料附录类。本书将助读系统和初中语文审美教学相结合来考察各构成要素的影响力，因此主要从提示类、图像类两方面来介绍助读系统对初中语文审美教学的影响。

（1）提示类助读资料

提示类助读资料包括单元导语，预习提示。单元导语由"人文主题"和"语文素养"两方面构成，各自成段。单元导语以精练的语言点出本单元的人文主题，提示了本单元的学习方式和语文素养方向。人文主题是初中语文审美教学的重要因素，是文章生命的源泉，丰富着学生的情感世界，而语文素养对学生的审美鉴赏与创造这一素养发展起到了重要的作用。以部编版初中语文七年级上册第一单元的单元导语为例：

"日月经天，江河行地，春风夏雨，秋霜冬雪，大自然生生不息，四时景物美不胜收。本单元课文用优美的语言，描绘了多姿多彩的四季美景，抒发了亲近自然、热爱生活的情怀。"

"学习本单元，要重视朗读课文，……领略景物之美；把握好重音和停连，感受汉语声韵之美。……体会比喻和拟人等修辞手法的表达效果。"

此单元导语清晰地传达给学生本单元文章的语言美，声韵美，亲近自然、热爱生活的情感美，修辞手法的形式美等美感要素，对后续的课堂审美教学起到了引领作用。教师可从以上几方面进行重点审美教学，学生可从以上几方面去找寻文章的美。

此外，每一篇教读课文在正文前都设有预习提示，分为两个段落，第一段文字内容相当于导入资料，起着开启学生思维、引领学生进入正式学习的作用，而第二段文字提示学生学习的方式与重点。初中语文教材中各篇课文的预习提示紧紧贴合本单元的文章主题，着重从情感体验和学习引导两方面给予学生提示，而这正指向于初中语文审美教学丰富学生情感体验、完善学生人格、提升学生审美能力等目标。以部编版初中语文七年级上册第一单元第二课《济南的冬天》为例：

"在你的印象中，冬天是怎样的，有哪些代表性的景物？朗读课文，看看作者笔下的济南的冬天与你印象中的冬天有什么不同。"

"课文中的许多景物描写细腻、生动，能唤起你对事物的细致感觉。阅读的时候，注意体会。"

此预习提示能够唤起学生对冬天的自身体验，提示学生注意文中细腻的景物描写，帮助学生建立更细腻的情感体验，使学生对本文的审美体验也变得更为真实、更为真切。

（2）图像类助读资料

初中语文教材图文并茂，每篇文章都配有插图，单元导语部分也是文字和插图的组合模式。从插图类型来说，初中语文教材中的插图有人物图、实物图、场景图、自然人文景物图等；从插图色彩来说，有黑白和彩色两种；从绘画形式来说，初中语文教材中的插图为简单的素描和水墨图；从插图内容来说，初中语文课文插图集中展示了事物的典型特征。丰富多彩、生动形象的课文插图是开展初中语文审美教学的特别途径。首先，图像形式对于初中生的吸引力是极大的，因为初中生对事物的感知处于感性阶段，对事物的认知还不能脱离具体形象。因此，课文插图的运用有利于开启初中生的想象，而想象力对于学生理解自然人文主题的文章尤为重要。其次，初中语文文本的语言美、情感美、意蕴美、意境美等构成了初中语文审美教学的重要内容，而图像是赏析文本意境美的形式之一。最后，凸显事物典型特色的插图对于学生深入理解文章起着极其重要的作用。如部编版初中语文七年级上册第四单元第十三课《植树的牧羊人》一文中的两张插图带领学生走进光秃秃的普罗旺斯高原，走近那孤独且平和的牧羊人。在细节的场景图中学生能将想象落到实处，更真切地体会到牧羊人日复一日在荒凉的土地上一点一滴坚持植树的生活。

初中语文教材助读系统作为语文教材的重要组成部分，占据着不可或缺的地位，对于开展初中语文审美教学有着重要的影响力，其单元导语、预习提示、课文插图、文章评点等内容给予初中语文审美教学明确的指向，唤醒学生自身的生活体验，使学生主动进入美的世界。

3. 初中语文教材练习系统对审美教学的影响

初中语文教材练习系统在语文教科书中的表现形式主要有各种各样的练习题，或者与教科书相配套的练习册。练习系统是教材编者对于学生学习结果的预设，是对语文教学结果的预设，这种预设是教材编者对学生达到何种目标的期望。分析探究初中语文教材练习系统，明确教材编者的预设，有利于语文教师确定审美教学的重难点，从而更好地在课堂中实施审美教学探究活动。练习系统在部编版初中语文教材教读课文中体现为课后练习题中的"思考探究""积累拓展""读读写写"三个板块；在自读课文中分为"阅读提示"和"读读写写"两个板块。"读读写写"指向于文中的重难点字词，规范、优美地展示了汉文字的美，而"思考探究"和"积累拓展"集中地体现了文章最本质的地方，对于开展初中语文审美教学起着直达核心的重要作用。

首先，"思考探究"这一板块在内容上紧扣文章重点，无论是在作者情感、语言文字描写、修辞表达效果还是文章意境等方面，"思考探究"所设置的问题都将其涵盖，具备很强的探究价值，对于学生体会作者情感、分析文字表达特点、探究文章结构效果、鉴赏文章意境，有着重要的启发作用，而这些正是初中语文审美教学要达到的目标。以部编版初中语文七年级上册第一课《春》、第四课《古代诗歌四首》和第六课《散步》中"思考探究"的部分问题为例。

①作者把春天比作"刚落地的娃娃""小姑娘""健壮的青年"，你怎样理解这些比喻？——《春》

②《闻王昌龄左迁龙标遥有此寄》以描写"杨花""子规"两样景物起笔，从全诗看有什么用意？

朗读《次北固山下》，边读边想象"湖平两岸阔，风正一帆悬"所展现的情境，体会上下句对偶的精妙。——《古代诗歌四首》

③朗读课文，说说文章为什么取题为《散步》。如果换个角度另拟一个题目，你会以什么为题？说明你的理由。——《散步》

在以上问题中我们可以看出编者的预设在于使学生以探究的方式去发现修辞手法的表达效果、语言的精妙之处、意象与意境的关系等，而这些例子也是不同文章在语文审美教学方面不同的教学重点的体现，是构成文章魅力的重要组成部分，是初中语文审美教学分析探究的重中之重。

其次，初中语文教材练习系统中"积累拓展"这一板块在于帮助学生进一步理解课文以及对文章内容进行延伸，还涉及实践活动。此设计的目的在于拓展学生理解的角度，提升学生的语文能力，在拓展中学生更能理性全面地看待事物，在训练中发展运用能力。如《说和做》一文的练习系统中"积累拓展"板块下所设置的问题：

①查阅相关资料，为本文再补充一两件闻一多"说"和"做"特点的事例。

②课外阅读闻一多的《太阳吟》《死水》《静夜》等诗作，欣赏其艺术特色，感受其中的精神追求。

初中语文审美教学不仅体现在对语文文本的分析上，还应该有着更宽广的生活外延，期望学生走出课本、走出校园、走向社会，期望学生拥有更丰富的视角。因此，"积累拓展"的设置正契合了初中语文审美教学的深层理念。"积累拓展"与"思考探究"是相互联系、逐级递进的，从以人为本的素质教育角度来看，两者都着重发展学生的自主能力、思维能力、实践能力。从内容上来说，"积累拓展"是初中语文审美教学的深入；从实践角度来说，"积累拓展"为初中语文审美教学提供了紧贴课文的实践内容；从拓展内容上来说，这一板块符合初中语文审美教学多样性、创造性的特征。

窥一斑而知全豹，处一隅而知全局。初中语文教材是初中语文审美教学最根本的场地，其范文系统蕴含着天然的审美元素，而助读系统和练习系统的设置则对初中语文审美教学起到了锦上添花的效果。

### （二）初中语文审美教学原则

语文审美教育原则是根据社会主义教育方针，中学语文教学的目的和审美教育的规律提出来的，也是广大语文教师进行语文审美教育的经验总结。因此，为了更专业化、更理论化地开展初中语文审美教学，了解并掌握语文审美教育原则是一项必须进行的工作。

#### 1. 坚持审美主体与审美客体相契合

初中语文审美教学是一种实践，是一种活动，是由语文教师、审美客体和学生串联起来、相互作用的过程，在这个过程中三者缺一不可且各自发挥着作用。但是，不同于一般的人类的审美活动，审美主体可以自由、主观、随意地对客观事物进行欣赏和评判。初中语文审美教学需要语文教师专业、全面的指导，这是由教育的本质特点和学生的发展特点所决定的。因此，语文审美教学中审美主体（学生）与审美客体（文本作品）要达到契合状态需要语文教师的大力指导。初中语文教材中的选文集典范性和时代性于一身，其中蕴含的自然美、社会美、哲理美等因素，来自作者自身对外界的视角，容易激起学生的兴趣，符合学生的审美需求。而由于初中生自身发展的不成熟性，靠自己一个人的力量无法和这些美感因素达到完美的契合，这就需要语文教师的指引。由此，语文教师的审美能力至关重要。如在教授《湖心亭看雪》这篇精练的散文时，学生从短小的篇幅中能够赏析到一定浅层的美感，但如果语文教师能够结合王国维无我之境的理论，挖掘到这首诗其实是包含着作者内心的有我之境，学生才能深层次地感受到作者内心的伤感、寂寞与凄凉。

初中语文审美教学只有学生与审美客体达到完全契合的境界才称得上理想的

审美教育。这种契合指的是学生在审美教学中有主观的审美需求与动力，在教师的指导下，调动想象、理解、记忆、感受等心理活动，将自己个人的情感、阅读作品后产生的情感和作品所蕴含的情感交汇，而学生原有的情感也随之得到了升华。要达到这种理想的状态需要具备三个条件：首先是审美客体的审美价值。初中语文教材的审美价值无须言说，语文课程标准在课文选材上已经做出了相关的规定，集真实性、蕴藉性、动情性于一体。其次，审美主体要堪称美的知音，指的是教师和学生要尽可能找寻、发现、理解语文作品中所蕴含的不易察觉的美的因素。最后，审美主体与审美客体之间所拥有的共同语言会让学生对文本理解得更深刻。在学生自身的认知结构和情感世界中，如果存在对于语文文本的先前理论和体验经历，那么这些共同语言会对学生和文本两者之间的沟通起到重要的作用；如果缺乏这种共同语言，两者之间的情感接触和交汇的过程可能会相对长久，但这恰恰体现了教师指导的意义性。如我们在关于学生最喜爱的鲁迅作品的调查中发现，《阿长与〈山海经〉》和《社戏》受学生喜欢的程度远远高于那些批判现实的文章，这是因为《阿长与〈山海经〉》和《社戏》中的内容更能引起初中生的共鸣，跟学生之间存在"共同语境"，因此学生更能体会作者的情感。

2. 坚持审美情感与审美理智相结合

只有当理智和情感完全融洽一致的时候，判断才可能是正确的。同样在初中语文审美教学中，在理性的审美认识和情感的双重作用下，语文审美活动才能在给人审美享受的同时，提高学生的审美认识，培养学生高尚健康的审美情趣。审美教育具有丰富的情感特点，"缀文者情动而辞发，观文者披文以入情，沿波讨源，虽幽必显"，因此，在初中语文审美教学中，教师对文本情感的触发、教师对学生情感的触发、学生对文本情感的触发是至关重要的环节，但是我们不能忽略最基础的一个步骤，就是对形象的感知过程，所有情感的交流都是在感知文本形象这一基础上发生的。感知文本形象靠的不是个人的知觉，而是需要教师和学生的审美理智。审美理智由参与到审美过程中的理论知识、理解能力、思维能力、逻辑能力等因素构成。

任何文章都有着特定的形式和技巧。所谓形式，指的是表现作品内容的内部组织构造和外部表现形态的总和，包括体裁、结构、语言、表现手法等。各种表达方式、表现手法的使用为文本增添了结构与情感相统一的美，有时失去了特定的形式反而失去了它本身强烈的美感。如鲁迅的《藤野先生》采用了复线型的纵贯结构，明线和暗线双重进行，表面上看是作者与藤野先生相识、相交到相别的过程，而在这背后还有一条运行的暗线即作者弃医从文的情感变化，一明一暗的线索相互交织，多层次地表达了作者对藤野先生的尊敬和怀念之情以及对中国庸人的斥责，而采取这样双线的结构也为《藤野先生》增添了更多的意蕴。因此，对于文本结构的掌握是具备审美理智的体现之一。此外，感知、理解文本形象的过程也是一种再创造的过程。创造依赖于学生丰富的想象力和敏锐的思维力。在初中语文教学中会有许多活动，如对文章改写、扩写等，这是审美创造的一个重要形式，也是学生创作能力的训练方式之一，同时集中反映出学生审美趣味和审美能力的个性和差异。因此，在初中语文审美教学过程中，坚持审美情感和审美理智相结合对于学生理解文本形象、做出符合逻辑的审美判断至关重要。

3. 坚持审美理论与审美实践相统一

蔡元培说过："美育者，应用美学之理论于教育，以陶养感情为目的者也。"[1]任何经得起考验的理论的产生都来自人类真实的实践，理论指导实践，又会在实践过程不断地发展自身。而学生如果能掌握一定的审美理论知识，并运用到审美实践中，相信其审美能力的发展会事半功倍。坚持审美理论与审美实践相统一，初中语文审美教学才会更专业。在日常生活中我们可以很轻易地感受到专业与非专业的区别，如在一场关于人工智能机器人电影的讨论中，懂得人工智能知识的观众分析智能技术对人类生活的影响时会头头是道。而在初中语文审美教学中，教师对于审美理论的专业讲解会给学生提供审美的方向、鉴赏的角度，这对于中学生来说无疑是最基础也是最重要的。理论的掌握是为了更好地进行实践，唯有在实践中理论才能转变为学生的能力，审美鉴赏与创造这一语文核心素养指向学生的创造能力，同时新课标具体规定了学生审美鉴赏和创造的标准。写作是初中语文审美实践的重要方式之一，这是由学生这一特殊的审美群体来决定的。学生作为受教育者需要接受考试来检测其学习效果，而写作是语文检测中非常重要的一项内容，因此，语文教师可以将写作作为初中语文审美实践的一种方式，结合写作规律和审美理论，对学生的形象思维、审美观点、审美理智等方面进行训练。另外，初中语文审美教学实践还体现在广泛的语文教学资源上，自然资源、社会资源、家庭资源等都是最真实、最接近学生生活与情感世界的存在。

语文审美教育根植于语文这一独特的载体，是人类美育的特殊形态，其自身的审美价值来自不同时代、不同国家、不同个体对于所在时空的自然万物和自身的观照，具有美的共性，同时，在语文这一外核的包裹下，又具备了文学作品的

---

① 蔡元培. 蔡元培美学文选 [M]. 北京：北京大学出版社，1983.

一切因素美，如文学语言、文章结构、表达方式等。而学生作为吸收、赏析、理解这一切的审美主体有自身的审美发展特点，因此，初中语文审美教学需要遵循上述原则：审美主体与审美客体相契合、审美情感与审美理智相结合、审美理论与审美实践相统一。

## 三、初中语文审美教学实施策略

语文作为一门工具性和人文性相统一的学科，具有多方面的美感因素，如语言美、意蕴美、意象美、意境美等都是语文本身的属性，而初中生正处在发展的阶段，其审美趣味、审美能力、人格发展都处于一个需要积极引导的重要时期，开展初中语文审美教学对于中学生的积极成长有着重要的意义。

### （一）创建有效的审美对话

2003 年和 2017 年的课标都为对话教学提供了理论支撑。2003 年课标对对话教学进行了这样的论述："阅读教学是学生、教师、教材编者、文本（作者之间）的多重对话，是思维碰撞和心灵交流的动态过程。"2017 年课标这样论述了对话式教学方法："组织交流和讨论，分享学习成果，研讨学习中遇到的问题；学术专题研讨，倡导平等对话。"教学实践中，小组交流、学生分享等教学方法也是非常普遍的，可见，重视教学过程的对话已经成为普遍共识，然而，调查发现现阶段初中语文审美教学中的审美对话比较形式化且起不到对话的意义。初中语文审美教学的主阵地在教师、学生、文本（作者）共同参与的课堂，因此，可以从以下两个方面出发来构建实质有效、情感流动的审美对话。

#### 1. 设置"有疑"的审美对话话题

对话模式是新课程改革教学理念下的一种创新性教学模式，提倡教师与学生从不同角度对阅读文本进行体验与探究，强调师生之间的平等关系，要求学生与教师能够在阅读教学的过程中充分交流各自的观点，最终获得情感态度和价值观的转变。对话是一种交流，每个个体对于同一话题的不同见解在分享、交流中得到理解、达成共识，最后每个人又能建立新的更完整的认知，这才是对话的意义，而这无疑也对对话的话题提出了更高的要求。什么样的话题才能达到对话的真正意义呢？一定是具备探究价值的，而具备探究价值的对话话题一定是存在"疑问"的，是能够让学生产生思考的，只有思考出来的东西才有意义。而现在初中语文审美课堂中往往存在着这样一种对话现象即"无疑而问"的对话，教师在对文本进行审美赏析时，看似向学生抛出了很多问题，再通过小组讨论的方式进行交流，但其实这些问题并没有真正地调动学生的思考，学生的思维没有得以打开。现如今课堂所呈现出来的是一种形式对话，语文教师并没有真正掌握好文本的审美价值，因此也提不出有价值的问题供学生交流，与其说是对话，不如说是在教师的主导下对文章知识的一次加深印象与确定。以某位教师为朱自清的《春》设计的审美话题为例。

小组交流任务：

①课文描绘了春天的哪些画面？

②作者在描写春天的草儿、花儿、风和雨时分别使用了什么样的修辞手法？

③文章中大量修辞手法的运用对于文章美感有什么作用？

生 1：春草、春花、春风、春雨

生 2：拟人、比喻、引用、排比

生 3：生动形象、加强气势

在上面的案例中学生对于教师设置的三个话题是无须思考的，只需要从文章中进行一次确定即可，我们可以看到这三个问题对于学生探讨文章的审美价值并没有多大的意义，学生无须通过小组交流，按照自己已有的答题模板即可回答。真正有效的审美对话是建立在"有疑"的话题上的，有疑即教师要针对文本提出真正需要思考的问题。设置有疑的审美对话话题可以从两个方面出发，一是要从文本出发，文本是探究审美意义的根本，由于初中生正处于一个发展的过程，对事物的看法更多来自本身，主观意识很强，在一定程度上会出现以自己观点为标准，进而去说服别人，甚至会出现以自己的观点评价作者想法的倾向。因此，语文教师要注意选择审美话题须紧密结合文本，同时注意把控对话的实施过程。二是从学生对文本的疑问出发选择审美话题，学生阅读文章的过程就是思考的过程，在进行审美对话前，教师可适时地询问学生初读文章后的感悟。那么有疑的话题是什么样的，下面举例说明：

《春》小组讨论问题：

①"树叶却绿得发亮，小草也青得直逼你的眼。"把"逼"字改为"照"字，如何？

②将文章最后三个段落组合成以下一个段落，如何？

"春天像刚落地的娃娃，像花枝招展的小姑娘，像健壮的青年，有不同的美。"

这两个问题的设计从《春》的语言美和结构美出发，学生想要完成第一个问题，需要分析"逼"字的意义、"照"字的意义，需要对比"逼"字和"照"字的不同效果。在这种探究和交流中，学生的思维会得到拓宽，也深刻地感受到了

《春》炼字的精妙所产生的语言美。第二个问题学生从直觉上也可以感受到原文结构的美，但也许说不出为什么，学生可能会思考短句子和长句子的效果、结构的排列对文章情感表达会有什么影响，即使学生讲不出真正的原因所在，但对于语言、结构的思考已经开启这方面的认知，带着这种思考和疑问再去倾听教师的讲解，便会豁然开朗，那么对朱自清这篇美文也就理解到位了。

有效的审美教学对话不是简单问题的堆砌，对话话题的选择尤为重要。初中生的审美心理存在审美趣味的个性化这一特点，初中生群体有普遍的审美趣味倾向，表现出和高中生、成人不同的典型特征，儿童的审美趣味倾向于优美，而初中生开始转向复杂情感审美对象，对于包含痛苦、死亡、忧郁的对象更感兴趣。因此，语文教师要对此进行充分的了解，并把贴近学生特点的事物融入审美话题中，这将对实施审美教学具有很大的帮助。语文教师要对文本进行充分的判断，同时也要改变让学生从文中找答案的固有理念，并且要创设探究式的问题，在这种有疑的审美话题的对话中，学生在已有经验的基础上调动一切智力因素去探究，发动思维，在深切的体验中，学生的审美情感、审美趣味、审美能力都会得到浸染和提升。

2. 保障学生与文本的审美交流时间

学生与文本之间的"对话"，既是他们积累语言文字知识的一个过程，也是他们发展自身思维能力的一个过程；既是他们体会文本思想情感的一个过程，也是他们提升自身审美能力的一个过程。对话分为显性对话和隐性对话。显性对话在语文审美教学中指的就是教师和学生、学生和学生之间看得见的语言交流或动作交流，如提问、小组讨论等。隐性对话在审美教学中则指的是教师和文本（作者）、学生和文本（作者）之间看不见、听不见的交流，也就是说教师或学生对文本的阅读。在初中语文审美教学中，初中生作为审美主体，和文本的隐性对话对于开展初中语文审美教学尤为重要。首先，中学生是审美教学的接收者，审美教学所具有的情感体验、陶冶心灵、完善人格、全面发展等功能都需要在学生身上达到。其次，审美教学包括理论和情感两个方面，需要审美心理的加入，而审美心理的加入具体到实践上则是学生的独立阅读。从心理学的角度来看，读者之所以需要单独面对文本是为了更好地进行内在的整合，而在调查中我们发现，学生预习课文的主要阵地由课下转移到了课上且预习时间基本在 5 分钟左右，在短暂的 5 分钟内学生只是带着教师的任务——通读全文、标注段落去疏通了文意而已。隐性对话的实质意义并没有完成，如思考文本所描述的未知世界、文章的深层意蕴，在学生囫囵吞枣式阅读文章之后，教师便带领学生深入地分析文本，这样缺乏有效的隐性对话而完成的审美教学，只是教师讲解的成功而不是学生经过感知、理解、判断的深切的审美经历。在调查中我们也发现对课本的预习主要在课堂上，因为教学时间和教学任务的紧迫，很多语文教师都会象征性地让学生快速浏览课文，而这其实是起不到任何作用的。初中生的知识积累和理解能力处于发展的基础阶段，和高中生相比，其思维、鉴赏等能力相对薄弱，因此，初中语文审美教学需要给予学生更多的思考时间，而短短的三到五分钟显然是不够的。学生和文本的交流应该是深层次的，在初读知文意的基础上，再一次带着自己的人生经验去和作者交流。教师在学生还没来得及将自己代入进去以后，便领着学生前进了。这样的审美教学一定程度上都是灌输式的而不是探究发现式的，学生收获的理解也只是暂时性的，学生的内心深处并没有得到感动后的认知。如某位教师在教授《从百草园到三味书屋》的教学流程：

一、整体感知

1. 查阅生字词

2. 快速阅读课文，思考以下问题：

揣摩标题的含义，我们可以看出文章讲了什么？

二、深入探究

分析各个段落重点

三、研读课文

1. 学生为每个段落加小标题

2. 学生讨论

3. 问题研讨

四、归纳主旨

我们可以发现这是一个逻辑性很强、循序渐进的教学流程，但是快速浏览课文代表着隐性对话已经名存实亡，学生并没有足够的时间去与文本进行对话，而是被教师所设定的教学流程牵着走。而笔者在一次听课过程中，一位语文教师在讲《中国人失掉自信力了吗》这篇文章时用了约 10 分钟的时间读这篇文章，当时的我对此感到不可思议，甚至觉得宝贵的 10 分钟就这样浪费掉了，但在后续的讲解中学生提出了很多有价值的问题。可见这 10 分钟对学生来说是真正独立的自主阅读时间，既是他们体会文本思想情感的一个过程，也是他们提升自身审美能力的一个过程。语文学习是水到渠成的，语文能力的获取也是系统的，而情感态度与价值观的建立则更需要日复一日的熏陶感染。学生与文本的交流是第一步，第一步没有走好，后面再精深的讲解都无法使学生产生深刻的感受。

初中语文审美教学不同于数理化等以知识概念为主的学科，而是蕴含着丰厚的情感材料，这种丰厚性需要学生静下心和文本进行认真的交流。此外，初中生的审美心理特点、人生经验的欠缺等因素也提醒语文教师要认识到隐性对话的重要性，并采取合理的方式保障学生与文本独立交流的时间与效果，如将预习放在课下或者放慢速度延长学生的课堂预习时间。当将预习放在课下时，为了保障其预习效果可以为学生布置相关的预习作业，从而保证学生能真正地去预习。

## （二）发展批评性审美阅读教学

批评性阅读是在鉴赏阅读的基础上进行的深层次阅读，即阅读主体（学生）对文本的各种审美要素进行深度分析，探究出美的原因所在。遇见一个作品，我们只说"我觉得它好"还不够，还应说出我何以觉得它好的道理。这就是所谓的批评性阅读。对文本进行批评性阅读主要涉及两个方面：一是分析文本的内容，既包括文本的外在，如分析小说类课文的故事情节、线索、人物形象等，还包括文本的内在意蕴，即作品的情感、哲理等。二是分析文本的艺术形式，即作者是如何安排和处理文章内容的，作品在语言修饰、情节加工、结构安排、形象塑造、节奏处理等方面具有怎样的艺术效果。可以说，语文是一门情感丰富的语言符号学科，这一特性决定了初中语文审美教学需要将文本的内容和形式统一起来，学生在初中语文审美教学中不仅从文本内容中受到了情感触动，而且通过外在的形式了解到文本的魅力，内容和形式是相互成就的，是彼此不可缺少的，文本内容和形式的和谐搭配造就了一篇优秀的作品。

### 1.提升语文审美素养，实施探究发现分析式教学

批评性审美阅读教学对教师的语文审美素养和教学方法提出了新的要求，审美素养体现在教师赏析文本美的能力方面。由于教师在审美教学过程中处于主导地位，对于审美对话的选择权、对话结果的评判权导致教师对语文审美教育的发展、学生审美能力的发展具有决定性的影响力。审美对话的选择权体现在教师对文本审美话题的设计上，而审美对话话题的重要性在前面已经加以论述。对结果的评判权指的是在学生出现观点不一时教师的处理方式，即学生出现创新见解时教师是如何处理的。不同的处理方式对学生的审美发展具有很大的影响力，因此，语文教师要具备极高的审美素质，在学生提出疑问时应该给予有利的帮助或引导。探究式发现教学方法就是指教师在指导学生发现潜藏在作品中的各个审美因素时，不是将答案直接提供给学生，而是向学生提供一种问题情境，学生在问题情境中发散思维，主动探索，自行发现并掌握重点的一种方法。在探究发现分

析式学习中，学生对于文本进行批评性阅读，感受到了探究带来的审美愉悦。而在现实的审美课堂中，由于初中生审美理论的缺乏、隐性对话时间的短暂，学生较难提出具有价值性的问题，也可以说一些学生不知道从哪些方面来赏析文本美。

从提升语文审美素养出发，语文教师应该增强独立解读文本的主动性。在调查中我们发现有一部分教师对于同一篇课文的解读角度和内容是基本一致的，其原因是在备课时参考、采纳了部分教参、教案的观点和练习册答案。这样的备课模式有极大的便利性，可是长期缺乏独立阅读和思考却会导致语文专业素养的后退，僵化平庸的解读。初中语文审美教育具有多样性，而多样性之一就在于学生个性化的审美体验、审美观点和审美理解，语文教师面对这样的多样性需要倾听、分析、引导，进而达到语文审美教学的目的之一——完善人格，促进全面发展。因此，语文教师要改掉教学懈怠的心态，自觉增强独立阅读和思考的主动性。

从实施探究发现分析教学出发，语文教师应该对学生进行审美出发角度的方法指导。教师教任何课（不限于语文），"讲"都是为了达到用不着"讲"，换个说法，"教"都是为了达到用不着"教"。学生入了门，上了路了，他们就能在繁杂的事事物物之间，自己探索，独立实践，解决问题了。因此，语文教师在诱发学生探究发现的欲望，开展探究发现分析式审美教学时，要结合课文体裁对学生采用设疑、解惑的方法。在对古典诗歌进行审美赏析时，教师可引导学生从诗歌语言、音韵、意象和意境等方面入手；挖掘语言美时，可以采用颠倒、抽换、对比等方法，如"僧敲月下门"中"推"和"敲"的争论；探索结构美时，可以从连接意象的脉络角度出发；赏析音韵美时，可以从押韵特点出发。学生审美能力的提高不是靠直觉，也不是顿悟，而是在理论指导下，对文本美感要素进行思考、设疑、探究。

初中生的发展潜能是无限的。虽然学生处于审美趣味和审美能力都有所欠缺的阶段，但素质教育强调学生是发展中的人，有巨大的发展潜能，尤其是初中生有着审美提升的可塑性。经过教师对审美方法理论的指导，学生有了方向，有了审美角度，因此其思维也有了积极的发散，进而在这样的审美探究发现分析学习中其审美兴趣会得到提升，审美体验也会更深刻。以人为本的学生观强调学生在教育活动中处于主体地位，调动学生的主体性对开展初中语文审美教学尤为重要，初中生在自主的感知、探究、赏析中融入自我的认知经验，结合教师专业的指导，所收获的审美体验才能真正地被其掌握、运用，其情感和人格才能真正得到完善和发展，由此，初中语文审美教学才能为初中生在高中阶段的学习和成长打下更夯实的基础。

2. 统一"内容"和"形式"，进行整体审美教学

语文课程是一门学习祖国语言文字运用的综合性、实践性课程，学生在学习、理解和运用语言文字的过程中，其知识能力和情感价值层在各种语言情境中得以发展，但现实情况中很多语文教师会忽略掉语言文字这一点，将重点放在文本的内容分析上。固然，文本内容是学生了解这个世界、了解作者表达的情感的主要抓手，但文本形式是作者精心选取来表达情感的结构，是构成文本审美价值的重要组成部分。文本内容指的是作者写了什么事情，文本形式即文本"是怎样写的"，包括文本的体式（主要指体裁）、结构、表达技巧、语言风格等。所有的形式都是语言文字编织而成的，所以文本形式实际就是"语言文字运用"的形式，故又称"表现形式"。对文本形式的辨认、探究，是专业的语言文字工作者的一项基本功，也是语文教师的一项基本功。可见，文本的形式就是语文的语言文字结构，只有将内容放在形式里去解读，文章的艺术魅力才会发挥到最大。开展批评性审美阅读就是不仅要知道作者写了什么，还要知道作者是怎么写的、为什么这样写。

古人说："文犹质也，质犹文也，虎豹之鞟犹犬羊之鞟。"中国台湾著名学者龚鹏程说得更透彻："文学脱离了形式就是死亡，一如围棋若无棋枰便不存在。形式乃是文学的根本要素。"[①] 由于教师和学生对语文形式及其价值的忽略、对语文内容和形式关系的错误认知，语文审美教学的课堂中出现了语文教师偏重文本内容而轻形式的现象。初中阶段的语文学习对学生的知识储备提出了更高的要求，而文章形式作为语文知识的一大重难点内容，如果将其与审美教学结合起来，学生会对此产生全新的看法。因此，语文教师要认识到文本形式的实用价值和审美价值。首先，文本形式将语文知识进行了结构化的处理，而结构化的知识是记忆的支柱，可以拒绝遗忘；结构化的知识便于联想，具有迁移的活力。如学习鲁迅的《阿长与〈山海经〉》时，学生从进入文本到走出文本的最后一刻内心是充满感动的，觉得阿长对儿时的鲁迅是很好的，而鲁迅写这篇文章的目的是在怀念自己的阿妈。除此之外，学生并没有获得层次性的情感体验，而从语文审美角度出发，学生的初读感受应该在教师的带领下走向深层的理智分析。

此外，形式对于学生深入感受内容有重要的意义，语文教师在对文章情感进行分析时应该时刻结合着对形式的分析，或者说将形式和内容统一，作为一个整体去讲解。经典文本最善于使用特定的句式。好的作家都有自己的句法，他们换

---

① 龚鹏程．有文化的文学课［M］．上海：中华书局，2015．

用句式的频率很高，他们会在语法次序、长短处理等方面有所用心，会有意识地使用设问句、反问句、倒装句、省略句等。如《安塞腰鼓》一文，作者刘成章在用词、句子、段落等方面采用了反复、排比、对偶等修辞手法，将安塞腰鼓的磅礴气势展现得极其强烈。独特、别具新意的文章形式在一定程度上大大提升了作品的审美价值，学生也可从内容和形式两方面去完整地感知文章的魅力。

一个具备了丰富文本解读经验的教师，最善于把自己从文本开掘出的这些形式美感用精心设计的教学方式让学生体验领悟到，并融入他们的血脉，成为他们感知事实的一种创造性能力。因此，语文教师要增强独立阅读和思考的主动性，提升独立解读文本的能力，将语文内容和形式结合起来，进而才能将学生从感官审美进入到理性审美，初中语文审美教学也才会具有更高的价值。

### （三）丰富审美实践途径

《普通高中语文课程标准（2017年版）》对语文学科核心素养进行了论述，在课程目标中对"审美鉴赏与创造"设置了这样一条目标："美的表达与创造。能运用祖国语言文字表达自己的审美体验，表达自己的情感、态度和价值观，表现和创造自己心中美好的形象;讲究语言文字表达的效果及美感，具有创新意识。"语文审美教育的目标不仅指向学生的审美趣味、审美能力，更重要的是学生创造美的能力。现阶段初中语文审美教学在学生审美实践这一方面是很缺乏的，本身初中语文审美教学的主阵地就在语文教材和语文课堂上，所以大多数语文教师也随之将初中语文审美的重点放在了每一篇课文和每一堂课上，而由于教学任务的紧迫，课堂并没有给审美实践留出一部分时间。学生在每天的语文课上不断地听、不断地想，只有认知方面的提升，而真正到了自主做题如阅读理解和写作时，表现依然不能令人满意。造成这种现象出现的原因就在于学生练得少，也就是审美实践的欠缺。对此，初中语文审美教学可以从以下两方面进行审美实践。

#### 1.读写结合，主动创造美

发展创造美的能力既是语文教学形成读写能力的重要手段，也是语文审美教育的归宿。语文审美实践不同于一般的审美实践，具有一般审美实践的共性也有其个性，而其个性就表现在与语文的结合上，因此，理想的方式之一是通过读写结合的方式来进行审美实践。初中阶段的学生的阅读思维正在形成，综合学习能力也在进一步提升。从本质上分析，在初中语文教学中融入读写结合，不仅可以拓展学生的思维，而且可以培养学生的语文素养。写作训练作为提升学生语文知识与能力的重要途径，也是培养学生创造美的基本方式。学生在课堂上对文质兼美的课文进行深度的审美学习，在情感体验和形式结构上都有了收获，而写作这一方式正是将其呈现出来的最好的实践方式。如何呈现这一点正是创造美的重点，学生尝试着将课文中一切形式美的因素如语言修饰、结构安排、修辞使用等运用到写作中，如此一来，学生的感悟得到了记录、审美理论也得到了实践。在初中语文教材助读系统"积累拓展"板块中有很多审美实践活动，语文教师可加以利用。因此，语文教师要留意学生在课堂中出现的闪光点，如有价值的观点、讨论热烈的地方或者是最值得探究的地方，然后布置相应的写作。如某位教师执教朱自清的《春》的案例，就很好地在课堂教学中进行了审美实践。

《春》部分教学流程：

一、文章结构探析

小组探究任务：

①分析文章的结构，是如何写春的？

②每一部分写了什么内容？分别运用了怎样的形式？

③标注出你最喜欢的文字描写，并从内容和形式上进行分析。

二、小组展示

生1：总分总，1—2自然段是作者盼望春天；3—7自然段是作者在描绘春天，包括春草、春花、春雨还有人们；8—10自然段是在赞美春天。

生2：运用了比喻、修辞、夸张、引用等修辞手法。

生3：我最喜欢"野花遍地是：杂样儿、有名字的，没名字的，散在草丛里，像眼睛，像星星，还眨呀眨的"这句话，把野草比作眼睛和星星，我觉得很新奇。

…………

师：作者写春，有着清晰的文章结构，而且运用多种修辞、句式，语言文字清新活泼，和诗人喜悦的心情是非常对应的。

三、从文学作品和记忆中寻找美

师：请同学们回忆古诗中对于春天的描写诗句。

生：如唐朝杜甫的"好雨知时节，当春乃发生"；韩愈的"天街小雨润如酥，草色遥看近却无"；杜牧的"千里莺啼绿映红，水村山郭酒旗风"。

四、美的训练

请适当参考《春》的写作特点写一段描写家乡秋景的文字。

《春》是众所皆知的美文，结构上这篇文章由盼春、绘春、颂春三个部分组成，其语言风格清新，表达技巧简单而精妙，其情感美是朱自清先生对春的喜不自禁，对生活的无限热爱，对中学生来说这正是文质兼美且适合教学的优质散文。

这位教师设计的写作练习有利于学生加深对自热的热爱，同时在语言表达中习得能够增添艺术效果的文章形式。

2.延伸课堂，拓宽广阔的审美天地

语文是我们的母语课程，其开放性、综合性、实践性、应用性极强。语文是和生活联系最密切的学科，语文的外延和生活的外延相等。在我们的生活中，时时有语文，处处有语文。语文是一门活的课程，随着时间的流逝、时代的发展、社会文化也在更新，人们对待事物理念的更新，语文教育的内容也在随时变化。语文课本中既有反映传统文化、时代精神的文章，也有反映我们现有生活的文章。此外，初中生判断事物的视角、价值观等需要成人的引导，在审美这一领域也是如此。只有将语文放在广阔的生活、社会与世界中，初中语文审美教学对学生来说才会更具有意义。因为学生是特定时代的审美主体，所学到的审美知识和情感将陪伴着他们走进当下的生活和未来。因此，语文教育的天地是极广阔的，语文教师要学会发现并广泛开发语文课程资源。校外资源对于语文学习也尤为重要，可以让我们的语文学习活起来。

要努力开创语文资源，让学生在具有实践性和综合性的语文活动中，提高语文素养，完美个性。初中语文审美教学也不应该仅仅局限在课堂和课下，而要把语文审美延伸到生活中，带给学生更多的审美资源，用更新、更真实、更开放的事物带给学生不一样的体验。学生拥有了更宽广的视角，再回归到语文审美上会有与之前相比不一样的审美境界。延伸课堂，拓宽语文审美天地，语文教师可以从丰富语文课堂出发。

从感知文章美的角度出发，可以开展创作对联的活动，学生在自我创作中会自觉地思考、推敲和运用押韵、对称等形式。语文中处处存在着美，而多数语文教师的眼里只有语文课本这一个载体，认为只要讲好课本就够了。局限于课堂这单一的审美地点，长此以往，学生对语文美感的赏析得不到扩展，其审美能力也得不到全面发展。因此，开展初中语文审美教学不仅在课堂上，还要努力拓宽语文审美天地。

## （四）丰富审美感受，培养审美趣味

审美趣味就是在社会建构下，人类特有的审美感受能力和审美情感相互协调、外化出来的表现形式，这种外化过程不是一种简单的转化，它是在审美感受的基础上，又包括了审美判断、审美想象、审美情感、审美观念等因素。而审美感受是学生与一切审美活动产生关系的第一步，人类的审美愉悦是审美感受的一种表面形式，审美趣味也就是审美愉悦，而愉悦是个人的，是不分高低贵贱的，它只是审美主体对于美感受力强弱的外在表现。

1. 依据文本创设多种审美情境语

文本中蕴含着丰富的形象，不同的个体从自身对外在世界的感受出发创造了带有自身印记的形象，而初中生正处于初步接触外界的阶段，以及中学生的智力因素正在不断发展，导致学生对于陌生的事物和未曾感受过的体验理解起来比较困难，进而学生也不能深刻地产生审美体验、审美愉悦，而情境教学正好弥补了这一缺陷，情境即情与境的完美结合。情境教学是指教师在教学过程中为了达到既定的教学目的，从教学需要出发，引入、制造或创设与教学内容相适应的具体场景或氛围，引起学生的情感体验。创设情境可以促进学生更好地进行审美感知，而感知作为审美的第一步，起着重要的开启作用。审美感知可以从听觉、视觉以及想象来进行，在初中语文审美教学中，教师可以从这三方面出发，依据语文文本的不同特点创设不同的审美情境。初中语文课本文章类型多样，有现代文，包括散文、小说、诗歌、应用型文章等；古代文章，如古诗词、文言文等。每一种类型都有其自身的审美特点，如散文的文字美、小说的情节美、人物形象美、古诗词的意蕴意境美、新闻的科学美、文言文的哲理美。因此，语文教师在教授不同文章时可以适当地创设审美情境。尤其是现如今的学生处在一个文化与生活多元化、丰富多彩的时代，语文教学已经不再是曾经的一尺讲台、一把戒尺的朴素时期了，在教学方式上更应该丰富。

（1）语言描述

美的语言有益于体会美的事物，表达是人们倾听、思考的过程，好的语言表达会调动学生的想象，把学生代入作者描绘的境界里去，而这在初中语文审美教学中尤为重要。在初中语文审美教学中，如何使学生进入作者描绘的世界，不仅在于学生和文本的隐性对话，语文教师的语言表达对于启发学生的审美感受也是极为重要的，尤其在审美教学中，语文教师的语言要声情并茂，才能感染学生。以一位教师教授《岳阳楼记》时对洞庭美景的描述为例：

风和日丽，湖上微波荡漾，天空万里无云，绿水蓝天相映，上下一碧万顷，水中鱼儿游戏，鸟儿或飞或停，岸上芳草茂密，浓郁馨香醉人。如果在夜晚，景色则更加迷人，清风徐来，烟雾全消，皓月如洗，一泻千里，湖面上泛着金色的涟漪，水底下嵌着皎洁的月影。

在如此优美的语言描述中，学生仿佛已经从教室飞到了那迷人的洞庭湖，在月色下翩翩起舞，而朗读在语文审美中发挥的作用更是体现得淋漓尽致，无声的文字在有情的声音下变为跳跃的音乐符号，带给学生一场视听盛宴。在笔者实习期间听一位教师讲授舒婷的《祖国啊，我亲爱的祖国》一课，教师播放了国家一级演员徐涛的朗读视频，在徐涛深情的诵读中，有不少学生为之落泪，心情久久不能平复。学生和作者一样具有美好的情感，具备很强大的感知能力，教师不应该将学生仅仅看作一个阅历浅薄的孩子，而需要尝试多种教学方式去触动学生的情感开关。

（2）图像呈现

在初中语文审美教学中借助多媒体，将一系列的文字符号转化为可感知的形象，对于开启学生的审美感受起到了重要的作用。尤其是一些距离学生生活、时代遥远的作品，又或者是空间感很强的作品，需要借助图像将文本不易感受的形象再现出来。而初中语文课本插图作为初中语文教材助读系统的内容构成是创设审美情境的优质资料，如部编版语文教材中《从百草园到三味书屋》的插图，配有蟋蟀图、三味书屋图、书房上课图，三幅图片结合课文顺序而排列，尤其是最后一幅图中老先生戴着眼镜坐在讲椅上，面前是五六个认真听讲的学生，而一个小男孩手里拿着课本站在一旁，往远方望去，笑脸盈盈，赏析这幅图，可以很真实地感受到鲁迅儿时的可爱。

依据文本的形象和情感创设审美情境可以为学生营造一个美和情并存的课堂氛围，学生的感受得到了触发，情感也随之产生，而初中语文审美教学也就自然展开了。

2. 设计主题进行比较阅读

"审美趣味之判断力是个体的心理知觉"，复旦大学的邱明正教授认为："审美判断是对事物审美特性经过分析、综合所做出的审美评判、抉择。"[1]学生的审美感受是对作品的感知、想象的过程，是获取美感因素的过程，而审美判断是学生从已有的认知经验和新信息进行对比的分析过程，因此，审美判断能力影响着审美的质量。根据皮亚杰的认知发展理论，认知结构要经过同化、顺应和平衡才能形成新认知，而对比阅读是一种帮助学生扩大信息量、感知审美差异、更新审美认知、提升审美判断的途径。此外，初中生心理发展有极其明显的独立倾向，有着强烈的自我意识，在生活中看待事物会出现固执己见的现象，在语文审美方面有着自身单一的理解，因此，开展对比阅读能够拓展初中生的审美思路，为学

---

① 高俊. 要做明白人：邱明正先生口述历史［M］. 上海：复旦大学出版社，2019.

生提供更多的观点，由此，初中生才能拥有更理性的审美鉴赏力。文章的内容、文章的主题、文章的写法都是对比阅读的重要内容，在同一主题中不同的作者是如何描写的，在结构、语言、句式等方面都存在着相同点和不同点，对此可以进行分析和鉴赏。在这种对比阅读中，学生可以明了地感知到作者的审美趣味和审美能力的差异，也能在对比中明确自己真实的审美倾向、审美趣味，进而主动地模仿和学习。

在初中语文审美教学中，语文教师可以根据单元主题进行比较阅读，在不同个体对于同一主题的作品中进行审美教学。初中语文教材选文按照一定的主题将相同主旨的选文放在一起，如部编版七年级上册的五个单元分别设置了自然美景、亲情、学习生活、人生意义、人与自然的主题。语文教师应该充分地利用这种教材优势，从中找到相同点和差异点，进行两者的比较，使学生在不同作者对于同一种情感主题的作品中可以感受到不同作者的审美趣味。如一位教师在教授史铁生《秋天的怀念》和莫怀戚《散步》时设计了"及时行孝"的主题教学，并设计了以下环节：

①分别从《秋天的怀念》和《散步》两篇课文中找出体现母亲对儿子的爱的地方。

②分别从《秋天的怀念》和《散步》两篇课文中找出体现儿子对母亲的爱的地方。

③分析史铁生对母亲"子欲养而亲不在"的悔恨之情的原因、分析莫怀戚选择走大路的原因。

④谈一谈"及时行孝"的原因所在。

比较是一切理解和思维的基础，我们正是通过比较来了解世界上的一切的。学生从两个母亲和两个儿子的四人视角下感受到了母爱的伟大，更重要的是明白母亲是因对儿子的爱而伟大，又从两个儿子的不同表现中明白了"子欲养而亲不在"的痛苦和一丝欣慰。

此外，教师也可以跨越教材、跨越同一主题，而从同一作者的不同作品中去综合地欣赏作者的独特人格、作品风格等成就其艺术作品的所有因素，如一位教师以"杜甫诗歌风格探究"为主题，将杜甫每个人生阶段的重点诗作综合在一起开展了审美活动。

一、朗读，体会语言风格

（1）风流少年——朗读《望岳》《出塞》

（2）忧以天下——朗读《石壕吏》《春望》《茅屋为秋风所破歌》

（3）乱世暂安——朗读《绝句》《春夜喜雨》

（4）生命释放——朗读《登高》

二、分析情感变化

三、分析情感和语言的关系

纵观这位教师的以"杜甫诗风"为主题的比较阅读教学，我们不得不感叹其高明之处。学生在一首首诗歌的朗读中跟随诗人走过了他那艰难的一生，感知到诗人从自身对于社会的观照是何等的真切。开展比较阅读能将学生的审美认知综合起来，有助于学生进行审美建构，丰富审美感受，增强审美判断。

初中语文审美教学的终极目标在于学生人格的完善，而人格的完善并不是单一的情感道德教育。语文审美教学需要结合以下两方面：第一，从语文形式出发。既要结合语文学科的工具性，抓住语言这一本质载体；又要重视语文的人文性，即语文所蕴含的各种美，如自然美、社会美。第二，要从审美的特性出发，中学生有着相对固定的审美心理特点，而审美教学也有着相对严格的实施原则。因此，可从创建有效的审美对话、发展批评性审美阅读、丰富审美感受、提升审美判断等方面入手，为更好地开展初中语文审美教学做出尝试。

# 第五章　初中生语文审美能力的现状与培养

　　针对初中生开展语文审美能力的培养工作，是提升学生思想道德品质的重要措施，有助于学生更好地学习其他学科，为现阶段的学习打下基础。语文教师在开展语文教学时，要结合学生的性格特征并使用学生喜欢的教学方式，充分提升学生的审美能力，完成语文学科的教学任务，提升语文成绩。

## 第一节　语文教学中审美能力培养的现状

### 一、学生在审美能力方面主要存在的问题

#### （一）对美的形态和内涵认识片面，理解模糊

　　审美活动对于学生来说往往存在一定的复杂性，这也是学生认为审美非常复杂的原因，在有的学生看来审美是抽象的概念难以进行描述，这就导致美产生了神秘感，在面对审美教育方面就缺少信心，难以形成审美的能力。自然界的万物会产生各自的美，这是最为基础的审美范围。随着社会的发展，科学、生活、社会、文学艺术等方面都存在着大量的审美内容，但学生却看不懂摸不着，无法进行表达。

#### （二）在审美感知方面，受复杂意识指向的影响

　　在生活当中人们的审美思想受到了复杂意识的干扰，所以就不能正确地理解美的形态，比如外面的世界丰富多彩，有各种各样的美景，但人们却没有关注，甚至是装作看不见。大自然在一年四季中不断地变化，为我们带来了特有的风景，只要人们用心去观察，就能发现不一样的美感。动物、植物等点缀了现有的世界，在路边看到一朵小花也能感受到生命的真谛，但是有些人的价值取向存在着偏差，认为追逐名利才是人生唯一的意义。所以面对时光的流逝，并没有关注身边的美好事物，反而是花费大量的时间去追求金钱。

### （三）审美理解呈现表面性和浅层化特点

学生在面对艺术作品时，无法有效地感知作品的深刻内涵，对作品给出的评价并不理性，忽略了作品的深层次情感体验，并且会受到形象感知的影响，认为教师给出的意见就是正确的，不敢表达自己的想法，这样的审美只是基于感知产生的。

比如，在赏析朱自清创作的散文作品《绿》时，因为作品描绘出了大自然景观的绿色美感，在看到这些文字语言的时候，很多学生认为这部作品是歌颂祖国山川美景的，体现的是作者内心深处对于自然的喜爱，这样的回答显得非常空泛。假如从审美的层面上去理解这部作品，我们又能感受到绿色的美感。从美学意义上来看，绿色代表着安静和平。朱自清对于绿色的描述非常丰富，并且融入了欢快羡慕的情感，也体现出了朱自清追求平静安定的生活。但是作者生活的年代社会政治动乱，人们的生活环境无法安定，因此表达出了作者的忧虑感。散文作品形容的绿色非常真实自然，每一个段落都蕴含着作者的情趣，在描写自然景物的同时，将自己对自然的喜爱之情也抒发了出来。这正是《绿》展现出来的深层次情趣，需要我们用审美的观点去发掘。

## 二、语文教学中审美能力培养方面主要存在的问题

### （一）重理性轻感性

学生过于关注理性的因素，却忽略了感性认知，面对艺术作品给予的理性分析过多，却没有从感性层面上给予回应。在语文课堂上，如果忽略了思想意义的学习，教学目标就会存在偏差，这也是现阶段语文教学的通病。比如在《往事依依》的教学过程中，教师会点明教学的重点，让学生感悟作者成长的历程。给出的教学目标非常抽象，并且要求学生获得理性的体验，这就忽略了作者的真实情感，只关注文本的内容。作品中作者可以展现出个人的心灵世界，但是学生的心灵并不是一成不变的，在阅读作品的时候，学生也会产生不一样的感悟，但是这种心理体验活动和作家的精神活动存在差异性。

进入现代化社会以后，工业化精神对于社会的影响非常广泛，整个社会的精神出现了匮乏，社会学家也意识到这些问题，并且鼓励人们多多关注感性认知，不要过于理性地看待问题，因为感性认知和自然更为贴近，与人们的直观感受有很大的联系。根据心理学家给出的研究发现，人们在理性的状态下给出的处理方法往往过于逻辑化。因为理性的方式只能体现出人和事物的单一关系，却没有向

世界展现出多样化的精神风貌，导致世界失去了原有的色彩，同样地，理性充斥的语文课堂丧失的正是飞扬的个性。

语文课程标准十分强调"感性"在阅读教学中的重要地位，在课程目标中多处提出，要注重情感体验，引导学生感受形象、品味语言。学生感性地揣摩课文，体验情感，感受形象，触摸语言，这是一切理解、探究的基础。逻辑的抽象是必要的，但必须以感性为基础，使学生在主动积极的思维和情感活动中，加深理解和体验，有所感悟和思考，受到情感熏陶，获得思想启迪，享受审美乐趣。鉴赏文学作品是一种积极的审美活动，主体精神的投入、情感的活跃是根本的要求，不能重理性分析而少审美体验。审美活动目标是陶冶性情、涵养心灵、提升文化品位和审美情趣，作家赋予作品以丰富的人文精神和文化内涵，可以大大拓展学生的精神领域，滋润他们的心灵世界，在情感熏陶中体验并提升人生境界，从而构建起健康的个性和健全的人格。

思维的认知必须借助于感性的方式才能存在，如果缺少感性，我们就无法理解思维。鲁迅在《摩罗诗力说》中也对于理性和感性的联系进行了探讨，将这种关系放在阅读场景中，发现感性认知和理性认知是相辅相成的，假如缺少了感性认知，人与人之间的交往就变得冷漠。阅读文章方面同样要发挥出感性的作用，因为应用感性表现出来的道理更加真诚，说话的时候别人也能够认可自己。

对文学作品进行鉴赏，学生占据的主体地位，但人们在阅读的时候会产生两种体验，分别是共同产生的体验以及期待的体验。课堂上教师可以鼓励学生用自己的情感和经验去感受作品，将作品当中的非理性特征当作感受的重点。因为这些内容是学生在阅读期间突然出现的，不会受到传统思维的束缚，因此创造性更加强烈。面对学生的反应，要学会尊重学生让他们把阅读的感受大胆地表达出来，学生产生了个性的理解，一定要给予鼓励，通过教学活动让学生产生想象力和发散性思维。

## （二）重分析轻综合

传统的阅读教学往往更加关注整体性特征，所以根据阅读的结果进行整体上的研究，但实际上学生面对的文化作品往往具有内容和形式的统一特征。但是从阅读的动力角度来分析，阅读活动需要学生产生情感上的认知，并愿意去阅读，产生了兴趣以后才会持续地开展阅读活动，并进行深度交流。在教学期间学生就会产生思想上的碰撞，并且阅读活动需要学生将知识储备作为经验运用起来，这样产生的思考才是深刻的。

　　对目前语文教学的方式进行解读，发现大多数语文教师在阅读课上对于文章内容进行了解剖式的分析，没有关注学生的感性思维，这种做法脱离了文本的感受，将原本抽象的内容进行了概括，影响了学生的自主性思维，而统一的文章却变得支离破碎。这样的阅读教学方式虽然加快了教学的进度，但是给出了阅读教学的结论，希望通过人们的逻辑性结论，指导学生的阅读思考活动。其实阅读活动相对复杂，并不能进行统一化的规定，因为每个人的智力水平并不一样。

　　阅读教学活动中，一节课只有 40 分钟左右，需要突出重点才能顺利完成教学工作，但教师不能过多地去分析所有内容，只需要将框架部分挑选出来。

### （三）重认知轻情感

　　文学艺术活动最为重要的就是情感，因为作品只有产生情感才能够体现出灵魂。作为读者在阅读活动中也要投入自己的情感，这样有助于把握作品的含义，因此文学阅读活动包含了情感的因素。

　　语文教学活动受到传统思想的影响，比如一味地阐述文章内容，教师占据主导地位，只关注知识的掌握程度却没有让学生产生特有的情感体验，虽然有助于提升学生的成绩，但阅读的教学价值却不高。过于关注知识内容，没有给学生思考的空间，所以教学非常呆板，而学生也往往充当了知识的容器。在这种文本学习过程中，学生不可能投入情感，也就不可能升华情感、发展情感了。这种功利性的阅读教学，既忽视了文本的情感因素，也忽视了学生的情感培养。没有情感体验，审美能力的提高就成了一句空话。

　　苏联教育家苏霍姆林斯基曾经提到过，人的情感就好比土地当中的肥料，将知识播种下来才会生根发芽。所以情感因素对于人们的学习活动非常重要，在阅读上尤其如此，缺少情感元素阅读就达不到效果。

### （四）重结论轻过程

　　受到传统思想的影响，人们在教学活动中采取了灌输式的教学模式，表面上这样学校的教学质量会在短期得到提升，学生的升学率也会增长，但是实际上这种思想与模式相对功利，因为其片面地追求高升学率却忽略了学生的全方位成长需求。语文的美育教育活动也表现出来了重结果轻过程的现象，比如阅读教学，将重点内容简化，没有给学生阅读的时间，而是直接将阅读的重点讲给学生听，教师的讲解替代了学生的阅读思考过程。针对某些经典段落需要多次反复阅读去体会和思考才能理解文章的真正意义，但是有些教师却为了提升效率，直接就讲解了文章的内容，不给学生思考的时间，所以学生就无法运用生活当中的知识去品味文章当中的内容。由于缺少过程和体验，直接就将结论给了出来，这样的阅读活动质量并不高，阅读期间每个人的个体差异是存在的，针对同一个文章人们给出的理解也会不一样，因此可以运用阅读讨论的机会指导学生去思考和讨论，让学生产生创新性的思维，锻炼个人的思维能力。教师还应该鼓励学生去表达个人的建议，这也有助于提升学生的语言组织能力。但实际上教师却忽略了这样的机会，直接将答案告诉了学生。有的文章内容丰富、意味深远，需要精细阅读才能体会其中的意思，但往往是学生还没有读几遍就被迫终止阅读。

学生被动地认同，将教师的答案作为标准答案，破坏了学生的审美激情和审美欲望，久而久之教学活动得到的结论千篇一律。

进行语文美育，学生是最为关键的主体，在审美对象和主体之间形成对应的关系才能产生审美的效果，而学生的作用却被忽略了，教师选择直接将结果告诉了学生，这样的审美教育是存在偏差的。因为教师为学生营造出来的审美情境与学生的情绪体验并不相同，希望学生能够产生类似的审美情感是不现实的。作为教师群体，应该为学生带来丰富多样的场景，塑造出有利于激发学生审美联想能力的场景，鼓励学生去发现美、创造美，这样才能获得良好的体验。也正是在这种审美体验的过程中，学生才能获得审美的愉悦。

# 第二节　初中语文教学中审美能力培养的策略

## 一、再现形象，培养敏锐的审美感知力

感知和领会美，这是审美教育的基础，是审美素养的核心。要想培养初中生的审美能力，首先就要通过再现形象，培养敏锐的审美感知力。展开"美读"，激发感知无疑是一个行之有效的途径。

著名教育家叶圣陶最早提出了"美读"的概念，这种思想理念要求在阅读的时候带有作者的情感，特别是表达作者情感的部分一定要学会换位思考，将作者的情感因素充分地用语言表达出来。文字作品原本是没有声音的艺术表现形式，但通过朗读活动，学生就可以将声音信息转化成大脑内部的记忆。一方面理解了文章的字面意思，同时也可以建立和作者的沟通，将自己的情绪融入文字语言中，这样突破了作品的文字束缚，产生了感同身受的思想，作品当中的形象可以展现

在脑海里，并且作品的情感元素也和自己的情感体验一致。只有将个人的情绪体验与作品融合，才能够提升学生的认知水平，从而促使学生不断超越已有的认知水平，促进审美感知力的发展。

美读需要重点突出情感因素，在与学生沟通的过程中让学生真正地投入感情，不只是寻找阅读的关键节点，可以结合文章的风格及内涵，鼓励学生带有情感地去朗读。有的文章慷慨激昂，也有的文章凄楚哀婉，教师可以给学生指导，让学生的情绪随着文字的转变而变化，读出令人心动的动情点。

在阅读教学上可以让学生大胆想象，比如在美读《长征》（节选）的时候，其中有一幕场景，彭德怀在断粮危机之下，准备掏枪杀了战马为大家解决粮食问题，当时的场景非常悲壮。教师可以组织学生进行场景模拟，让学生扮演警卫员的角色，并且要求学生模仿警卫员的语气、语调。比如警卫员突然大叫道"不！不！"，读第一个字体现的是人们的本能反应，所以语气一定要非常强烈，并且声音要大，但是读第二个字的时候要读出一种痛苦无奈的感受，所以要用低沉缓慢的语调，简简单单的两个词就能演绎出当时人物的情感状态。

阅读期间还要注重对语感的训练，按照美读的标准，人的大脑、眼睛、耳朵、嘴巴都要同步运动，每个器官都有各自的功能，但是要在大脑的带动下形成良好的氛围，按照文章的内容有感情地朗读，而语感在此时就逐步产生了。感悟过程中人们的思想就得到了升华，逐渐进入了美好的状态。

美读必须把握文章的场景，真正用心感悟才有助于理解文章的主题。在阅读文字的时候可以快速地感受到文字的力量，而这种语感对于阅读活动有着非常重要的意义。

阅读过程当中一定要遵循美读的特点，比如把握阅读对象的主题和内容使用对应的阅读方式，可以对文章的调性进行确认，寻找主旋律然后采用音乐美感的读法进行阅读。比如在对应的部位可以去停顿一下，这样彰显出了文章的层次感，也显得情绪收放自如，在重音的位置上也要做好停顿，因为在有些关键部分停顿一下，有助于我们更好地理解作品的深层次意义。阅读的气息也要保持平衡，根据节奏来调整自己的呼吸，同时也要参考作者的情感因素，做到声音和节奏合二为一，这样就能实现声情并茂。

从学生的角度来看，这种阅读方式可以产生较大的冲击力，因为调动了人们的视觉器官和听觉器官，在美读期间优美的意境就展现在学生的脑海当中。将语言符号通过阅读逐步地转移到大脑当中，语感培养过程也为我们展现出了美感的产生过程。

同时，我们还应认识到，人们的感觉器官有多种，可以经过组合共同反馈在大脑中，并且在大脑的指挥下形成审美的方式。开展审美活动，人们的听觉视觉和大脑在不断地变化，有些器官还会内部沟通，让我们产生不一样的感觉，比如观看到颜色的时候，不同的颜色给我们的温度感不一样；欣赏民族乐曲《春江花月夜》时，我们的眼前就会展现出江潮连海、月并潮生的美丽图景……

可见，人们的感觉器官是不断变化和联动的，在某种场景下，每个器官都会互相关联，无法进行界限的区分，有的时候颜色也能产生温度感，声音也能展现出气氛，所以从本质上来看，感觉器官和我们的大脑神经存在联系。这就属于美感在我们大脑当中的表现，所以在生活当中这种现象并不奇怪，这与我们的审美特征有很大的联系。联觉具有促进美感的作用，审美主体在感知审美对象时，由于各种感觉的联合，范围也就随之扩大、延伸了，感受的内容也就更生动、更丰富了。

培养审美感知能力还要利用多媒体，强化感知。现代化的教学手段非常多样，比如使用多媒体设备可以转换语文课本当中的知识，原本抽象的内容通过计算机设备、投影仪直接将图片视频资料等投放在大屏幕上，文字的审美就会变成视觉上的审美，这也有助于强化学生的审美感知力。多样化的教学方式，展现出来的审美内容，更加丰富生动。学生就能掌握了多样化的审美内容，从而帮助学生更好地体会到美的多样性、丰富性和层次感。

另外，在作文教学中还要努力调动感知。一些学生在写作文的过程当中缺少思想，写出来的东西没有灵气，文字语言呆板无法产生感染力，特别是有的情感表达假大空，为了营造感情而强行煽情。因此深入分析是因为学生缺少社会经验，没有关注社会的生活环境，生活上的审美经验非常匮乏。另外学生接触的场景除了家庭就是学校，很少在社会环境中长期停留，心思完全放在学习上，并且学习压力普遍较大就没有时间去思考情感的体验。

要写"求诚"之文，必走"寻源"之路。写作文一定要从生活当中汲取经验，不能脱离生活。从源头去发现美，找到水的源头我们才能喝到甘甜的水。因此教师要指导学生观察生活，并积极地体验生活，在生活当中感悟美，并且让学生大胆地评价社会上的现象，分析美和丑。比如要求学生主动接触新闻媒体，看《新闻联播》《第二起跑线》《艺术人生》《百家讲坛》等节目；组织语文综合实践学习活动，如调研晋商文化、组织民间采风等，引导学生感悟生活，领悟美的真谛。要把学生带入社会，带进大自然，欣赏日月星辰，感受花开花落，开展"寻找春天的芳踪"主题春游等实践活动，让学生的耳、眼、身、心获得真切的感受。生活的多姿多彩，自然的万千气象，滋养着学生的心灵世界，丰富着学生的情感体验，也激发着学生的创作热情，这样学生笔下的世界就能幻化成声、形、色丰润的画面，情感也有了依附。

## 二、创造具象，培养独特的审美想象力

培养学生的想象力可以通过美育途径来实现。在学校开展美育教学，就是要让学生产生审美能力。在审美能力指标当中，想象力也占据了重要的位置。

想象力有助于我们突破时间及空间的限制，让我们的思维停留在审美的氛围中。正如刘勰在《文心雕龙·神思》中所描绘的："文之思也，其神远矣，故寂然凝虑，思接千载；悄焉动容，视通万里；吟咏之间，吐纳珠玉之声；眉睫之前，卷舒风云之色。"这时，众多的形象纷至沓来，平凡的，神奇了；空虚的，具体了；无形的，有形了；寡情的，含情了。人们通过想象活动，把自己的情感熔铸到感知的对象中去，从而加深对客观事物的认识与理解，也加强着审美感受。在初中的语文教学课程中，教师可以采取丰富的教学方式，为学生构建出审美联系，不仅要为学生指明想象的方向，并且要激发出学生的审美欲望。

### （一）抓住艺术形象，启发审美想象

语文是美的。因为它包含了形形色色的美的形态，这里有美的风景、美的人物、美的感悟和美的思想。一篇篇优美生动的文学作品为我们描绘出一个个具体而生动的人化自然。在文学语言当中有大量的抽象符号，但是作者是通过语言描述的方式来展现的，经过教师的指导，让学生有了更加广阔的想象空间。产生了丰富的想象力以后我们的审美观点就会变得更加丰富，在审美对象的认知上就会变得更加具体，脑海当中对于审美的对象就能够获得更加真实的感受。社会上的场景通过不断的积累构成了我们的知识库，对于学生而言同样如此，学生积累更多的生活常识，就能够产生更多的想象力。

在某种形象中往往蕴含了大量的美，所以我们要分析艺术形象的特点，对某个具体形象实施品鉴。在学校的阅读教学方面，教师要抓住作品所描写的艺术形象，启发学生揣摩、品味语言美，通过美的文辞，体味美的情感，诱导学生的想象。例如，诗人白居易在《暮江吟》中描绘了深秋季节傍晚江上的幽美景色。诗人用"珍珠"比喻露珠，用"弓"比喻月亮，不但贴切传神，而且创造了一个清新、幽美、静谧的境界，沁人心脾。教师要抓住这些形象，引导学生进行再造想象，在脑海里勾勒出这幅美的画面。再如学习《三峡》时，就要抓住文中描绘的三峡的景象，去想象三峡的一幅幅瑰丽奇特的画面，再现盛夏时节的"沿溯阻绝"，春冬之时的"清荣峻茂"，秋至之际的"林寒涧肃，高

猿长啸，空谷传响，哀转久绝"的不同形象。在想象力的引领下，学生才能真正走入三峡的绝妙境地。

初中生的语文教材中配有大量的插图，教师可以将插图的作用发挥出来，运用插图引发学生的联想；让学生提前阅读课文的内容，再讲解插图的意思；鼓励学生发挥自己的想象力和作者建立共鸣，了解了作者的思想情感以后，再观看图片理解其中的意思。作者使用了大量的语言为我们营造出了可视化的感受，所以综合对比，我们就能够理解课文的美感，比如教材当中就有与杜甫相关的图片，为我们展现出了杜甫忧国忧民的神情，我们从神态动作上展开联想，同时参考《春望》《茅屋为秋风所破歌》等作品就能够理解杜甫的心态，这种审美从文字转化到图画再转换回文字，这样的审美体验相对丰富。

除了现成的插图外，教师还可有选择地安排学生根据课文内容或内容片段自行绘画。让学生借助于想象，去再现课文的美，并将其显现于笔端，也是培养想象力的一条途径。例如，有一位教师在讲授《醉翁亭记》一课后，让学生展开联想与想象，给课文配插图，学生兴趣盎然，完成了"滁人游""太守宴""太守醉""从宾归"等虽不成熟但与课文内容紧密相结合的插图。"滁人游"展现了滁人郊游，四周山清水秀，游人怡然自乐的情境；"太守宴"表现了太守歪坐在椅上，捻须蹙眉，高举酒杯，觥筹交错，众宾自醉，太守自饮，此乐何极的意境。诗歌的描述为我们展现出来了豁达的人生态度，而这就是文章的深层次含义。课本当中有相关的配图画面当中，让学生能够看到太守游山玩水，也让学生加深了对文章的理解。如果没有配图，学生只能通过文字内容去揣摩领会，所以结合了图片学生的思维就被激发了出来，进行再次创造学生的想象力也能够得到拓展。

## （二）读写结合，发展想象

读写结合进行审美想象力训练是一种行之有效的方法。教师可依据课文实写内容，营造出一定的场景氛围，然后指导学生发挥想象力，使用描绘的方式来展现。比如《桃花源记》中就描述了捕鱼人无意当中闯入桃花源，当时的村民"咸来问讯"，这样的话语非常笼统，并没有做出详细的描述，但具体问的是哪些话，可以让学生发挥想象力进行模拟。有的学生给出了这样的对话，一位老爷爷来到捕鱼人身边问道："你是从哪里来的呀？现在外面是什么情况，你们的生活过得怎么样？"也有年轻的村民穿着白色的衣服见到捕鱼人之后激动地问："今天真是稀奇，头一回见到外人，你们那里过的是什么生活，男人需要种田吗？我们这里的汉子除了种田，别的什么也不会。"很快村民们就陆续赶来，围着捕鱼人指指点点，也有一个小孩子来到捕鱼人身边，好奇地问他外面的世界好不好玩。有妇女听他说到外面仍然在打仗，于是问道："现在的社会，女人还需要上战场吗？"捕鱼人根据他们的问题作答，由此可以看出课文当中一句简单的话可以通过联想和扩展，让学生形成发散思维，也拓展了学生的认知，加深了他们对社会变化的理解，在这一过程中就能提升学生的审美意识。

教师还可以引导学生想象未尽之意。例如《窗》的结尾写到"他看到的只是光秃秃的一堵墙"。作者在这里实际上是留给了读者想象的空间，戛然而止的结局让我们在惊叹之余更会有无尽的想象。教师可让学生结合生活现实进行文章的续写，在此期间学生可以发挥想象力对原本的文章内容进行弥补，一方面要考虑到原有的文章情节，寻找特有的切入点并展开创作，考虑到原文当中的主旨，尽可能不要偏离主题，学生可以随意进行补充，并且要形成有效的连接，不能有头无尾，前后一定要呼应。通常情况下的做法是根据开头的内容将整个文章续写下来，或者只挑选开头和中间部分，将结尾去掉，结尾自己来编写，也可以根据原文的背景进一步叙述未完待续的故事，让学生的想象自由驰骋。

除了续写练习外，改写也是训练学生审美想象力的一种很好的形式。比如完成教学《茅屋为秋风所破歌》后，指导学生完成课后作业，让学生从电视编导的身份角色入手编写与杜甫相关的历史剧，根据诗歌的内容展开想象并设计画面。有学生是这样写的：

"这是一个夜晚。墨云翻飞，秋风呼啸，大雨滂沱。衣衫单薄、头发花白的诗人伫立在破草屋前，他的右手拄着老树枝做的拐杖，左手里紧攥着几根茅草。他仰望苍天，发出声声长叹……

狂风卷着茅草在飞舞，掠过树梢，又像精灵一般飘向苍黄的天宇……

破旧的城墙外，夕阳残照，碧草萋萋，又渐渐变黄、变枯。

朱漆衙门里，灯红酒绿，阔人在宴歌醉舞；茫茫雪地上，逃难逃荒者留下一串脚印……

夜深人静，官吏撞开一扇破门，将一老妇人当壮丁抓走。

都城长安的城外桥边，出征的唐兵浩浩荡荡，送别的老人、妇女和孩子哭声震天。烟尘滚滚，天际边战火弥漫……

诗人伫立在滴着雨水的窗前，握笔挥毫，写下了'安得广厦千万间，大庇天下寒士俱欢颜'的大字，默默地遥望东方曙色……"

可见，这种练习不但丰富了读，锻炼了写，而且更重要的是训练了学生的审美创造意识，发展了他们的审美想象力。

### （三）利用"意义空白"，催生"完形想象"

"空白"属于作者在创作文章期间没有直接点明白，希望读者发挥出想象力，联想自己期望的结局。所以优秀的作家往往使用"空白"帮助读者去体会作品的意义，课文中往往存在着不少这样的"空白"。

如李白《黄鹤楼送孟浩然之广陵》表现友人辞别黄鹤楼，乘坐一叶孤帆，沿江东去的情境：先写三月烟花、江南春早、故人启程，再写孤帆影远、友人已去、江水自流。这里，只有送别的实境，没有离情的抒写，但诗人怅别之情隐含其间。这恰是意味深长的沉默，我们可以展开想象的翅膀，进入这孤帆、碧空、楼台、江水构建的意蕴空间。在这天水相接的浩荡中，我们看到了伫立江边凝眸远望的诗人。这个诗人的形象在作品中是不能直观的，完形后方能求神。正是"未曾着墨处，烟波浩瀚满目前"。

语文课本当中有一定的空白，可以将这些内容作为营造审美对象的重要基础，利用学生的"完形"需要，催生学生的"完形想象"，补充空白。此时学生就会受到启发，创造出众多审美对象，丰富了审美视野。将文字的内容刻意忽略掉，通过想象力去再次创造，这样就弥补了原本空白的地方，读者、课文的文字和作者就能够实现有效的融合。这当是文本的"召唤结构"在发挥其魅力。在语文教学中，教师要努力尝试用多种方法去实现这种"召唤"的预期。

### （四）营造教学的"召唤结构"，开辟学生想象的空间

前面已经讲过，文学文本是一个"召唤结构"，为读者的想象、创造留下了广阔的空间，从而显示了文本的魅力所在。它给我们的语文教学带来了这样的启示：充满魅力的教学也应该是一个"召唤结构"，可以召唤学生的联想和想象。

部分教师采取的教学方式往往比较传统，教师往往占据主导位置，并且一味地说教，没有让学生产生独立的思考，这种教学方法让学生感到厌烦。这是因为一部分教师没有关注学生的主体性地位，忽略了学习的规律。课堂上有的内容不需要教师去讲解，但是为了提升学习的效率和教学效果，教师将所有的文章知识点讲授给学生听，学生被动地去接受，希望学生可以根据知识点进行联想，但实际上学生在这种状态下并不会产生想象力，缺少审美的体验过程难以产生创造性思维。有的学生直接吸收了教师给出的信息，所以自主性思考较差。在读课文的时候没有关注作者的情感体验，这种教学方式存在弊端难以带给学生审美体验。所以教学期间教师要为学生创造想象的空间，给学生提供相关的机会，让学生主动思考，结合课文的内容展开想象。

1. 虚实相生，知识结构召唤

教学中，教师不要把内容全盘端给学生，要给学生留下自由想象的空间。只有经过自己的思考产生的经验才是学生自己的。发现了课本上的空缺，学生也愿意自己去思考。

2. 张弛有度，教学结构召唤

一堂语文课的安排要有高低急徐、起承转合。适当提升紧张感，让学生可以集中精神去听讲，并且思维变得更加亢奋。创造宽松的氛围是让学生缓和自己的心情，让思维变得平静。所以教学的过程中必须关注学生的情绪的变化，随时调整教学状态，学生的学习情绪就能够被合理地调动起来，让学生的思维处于激活状态，形成"嘈嘈切切错杂弹"的效果。

3. 抑扬顿挫，语言表达召唤

在教学课堂上，教师使用的语言必须是规范的，教师要使用准确的语言表达方式并融入艺术特点，为学生带来不一样的教学内容。语文学科的教师可以使用生动多变的语言风格为学生讲解课堂内容，比如在小说诗歌等题材的教学方面，要凸显出教学语言的变化，激发出学生的想象力。

向学生提出问题和质疑，启发学生的思考。提前设置一定的问题属于情境引导的方式，可以让学生产生好奇心。这种做法也可以看到是心理空间上的留白，在好奇心的带动下学生的思维会变得活跃，产生探究的欲望，恰似"于无声处听惊雷"。

4. 精心设计，课堂板书召唤

板书设计是语文教学中书面语言的运用，是语文教学的一个重要辅助手段。艺术性的板书具有储蓄性和启发性，可以促使学生展开联想，去填补空白。教师应该结合教学的特点优化板书的内容，形成板面上的召唤。

## 三、涵养心灵，培养丰富的审美情感力

在初中各学科中语文课程含有大量的情感因素，每一种文学体裁都有丰富的情感元素，体现出作者的情感特色。结合语文课程开展阅读教学，是培养学生审美情感力的重要资源。只有产生了审美情感，学生才可以体验文字背后的情感特点，将单调的文字语言转化成情感动力，需要教师饱含激情的有情教学。所谓有情教学，就是在一种浓烈的情感氛围下，激发出教学对象的体验，在阅读方面

让客体产生更好的情感交融，而这样的情感共振会让人们的阅读体验变得更加丰富多彩。传统的阅读机制运用这种方式以后可以得到升华，让人们学会更加深刻地进行审美。

情境化的教学是近几年常见的教学方式，课堂氛围充满了情感因素，使用情感氛围的烘托，给人以不一样的感受。人们的情感因素是经过外部情境的烘托才能生成的，比如在欢快的气氛中人们就能够变得高兴开心，在悲伤氛围中人们会变得心情低落。在特殊的场合下，人们的情绪还会传染，所以情绪在潜移默化中就散发出了影响力。因此，教师需要对教材内容进行深入的研究，将教材的情感因素利用起来，并且使用情境创设的方法，在课堂上营造与教材内容对应的氛围。通过激情氛围的营造，让课堂上充满激情与活力。

课堂教学由多个环节组成，创设情境的方式在每一个环节都能够使用，所以要将这种方法贯穿到整个教学课堂中。在导入环节就需要设计情境，为本次教学带来情感基调，好的氛围可以让学生产生学习的兴趣，经过引导逐渐理解课文的情感。

教师的语言美是创设美的情境的重要因素。在课堂上，教学语言非常关键，好的语言能够吸引学生，为学生学习文化知识带来指导。教师要做好引导工作，运用语言化的情感熏陶学生的情操，将文章作为引导情感的工具，启发学生的思维，最终形成情感上的共鸣。优美的语言可以震撼人心，让学生的心灵为之一颤，在阅读期间学生内心深处也能产生触动，这样的文章语言非常震撼，所以教师不能使用平淡的态度去讲解。

为了调动学生的情感波动，可以在教学环节关注学生的情感变化特点，围绕着情感氛围的目标展开设计优化，这样的教学活动才会充满情感因素。

请看一位教师对朱自清的散文《背影》的教学设计：运用情感的因素作为开头，将课文当中的内容用动情的语言讲解出来，回顾父亲对自己的爱，让学生发表个人的感言，主要围绕着父爱来进行。在此期间，教师可以引导学生使用美读的方式，充分渲染出语言的感染力，在文章中选择感人的场景，让学生多次回味，特别是看到父亲攀登月台买橘子的那个细节，学生可以抓住生动形象的动词和简洁的语言描写，做深入分析，了解作者为什么会流下眼泪，具体原因是什么，感受到作者的情感变化。特别是课文当中有鲜明的对比，父亲的形象和儿子的形象有着强烈的落差。父亲当时的身体并不好，给人的感觉是年老肥胖、行动不便并且处于失业状态，可见人生并不如意。对比儿子的处境，见过大世面，年轻力壮，流露出自以为是的心态。这种情况下，教师可以引导学生并且提问，为什么不是儿子去买橘子，却偏偏让父亲去买？这个时候教师再来解释"可怜天下父母心"的意思，这样的分析就很容易让学生受到感染。

教学设计环节也可以从情感方面着手，在课文当中挑选可以让人们产生共鸣的煽情点。抒情性的作品当中有大量的情感因素，而这些情感为我们展现出来了不同的人生哲理。作品中有很多与情感因素联系密切的关键性节点，只有掌握了这些节点，并围绕着节点进行教学设计，教学效果才会更好，学生才能在情感节点的带动下，逐步产生情感体验。

课堂教学环节对于情感要求非常高，教师带有情感，学生才会感受到情感因素。语文课堂教学环节，教师应该表达出对语文学科的热爱，在课堂上将真正的情感因素展现给学生，这样的教学方式才会感动学生，并激发出学生内心深处的情感体验。

语文教学方面，教师的情感因素可以根据作者的情感变动而产生变化，但注意情感因素不能偏离作品的基调。在遇到让人兴奋的情节时，要慷慨激昂，让学生产生共鸣，在遇到悲壮的情节时要义正词严，让学生感受到严肃性，这样的语文教学活动才能启发学生的思想并加深学生的情感体验，这种做法同时也能够起到熏陶学生的审美情操的作用。语文教师要具备理性的情感，因为情感的稳定性有助于教师把握好情感节奏，否则将会偏离正常的教学情境。教师的稳定情感也关系到学生的审美情感稳定性，因为双方是密切联系的。

语文教师的激情首先应当是真诚的。从学生的角度来看，学生的思想非常敏感，教师的情感如果有虚伪的成分很容易起到反效果，所以为了获取学生的信任感，教师和学生交流必须真情流露，只有真情实感才能感化别人，比如教师关心的语言、安慰的动作就可以体现出教师的真情。

语文教师对教育充满热情是教学的重要条件。语文教师为了建立起积极有效的审美观念，应该注重个人职业能力的提升，从审美的层面上客观看待个人的职业属性，在语文教学中为学生营造出更多的幸福感。合格的语文教师可以根据教材内容超水平地发挥教学实力并且善于学习教材内容，采用审美的观点发掘出课本当中的审美元素。这有助于激发出学生的审美体验，产生良好的氛围。教师在与学生进行交流方面也要充满真情实感，并乐意和学生分享精神上的喜悦，在工作上要充满热情。

## 四、升华认识，培养深刻的审美理解力

很多情况下我们只有感性层面上的认知，并没有理性上的认知，理性和感性认知应同步深入，这样有助于掌握事物内在的美，所以进行审美活动时，不能只注重表面上的直觉，同时还要用心去思考。

审美的理解能力是指我们在面对鉴赏对象时，一定要深入思考，将外在的形象认知和情感体验相结合。比如在语文审美教育方面，有些词语是表面上的，但是我们要引导学生发挥出理性思考的作用，对作家的个性特点进行解读，不能仅停留在文字的表面上，还需要深层次地理解作者描绘出来的美。通过这种方式，透过了表面，看到了深层次的美，学生就能感悟到高尚的情趣，所以语文课本内有大量的内在美，需要教师引导学生深刻地理解，在引导过程中要进行角色代入，使学生深入地感受作者描绘出来的场景，并形成情感共鸣，同时也要结合体验和感受的现象，采用理性的智慧深入思考，探寻事物的本质。从理性的角度来看待审美，将审美的各种因素综合起来，提升个人的经验，让自己的感知想象力、情感变得更加丰富，有利于掌握文学作品的深层次含义和美感。如果只是单纯的想象缺少了理性的思考，这种深层次的美是无法理解的，学生只有具备了审美的理解能力，才能体会到课本知识中的美。

在传授知识中培养审美理解力。中学生对文学常识了解还不多，对文学理论及鉴赏知识更是知之甚少。这就需要教师在开展阅读教学指导方面向学生传授文学常识，比如讲解最基本的文学形象、典型的意境意象、作品语言架构、表现方式等。学生只有理解了文学知识，在阅读期间才能真正地理解文学艺术的美感。有的词语需要学生进行评价，通过对比了解作者的用意，并且对结构进行深入的推敲，教师在课堂上就可以将这些知识点分享给学生，并且在阅读课堂上进行穿插教学。另外也能在班级内举办相关的阅读讲座，让学生都能掌握阅读的技巧，这也有助于形成良好的审美理解能力。

此外，可以在语文课堂上针对课文内容实施探究性阅读，这种方式和普通的阅读存在较大的区别。探究性是指让学生产生独立思考的能力并注重情感思维的开放性，在此期间让学生自己去体会文章的意思和情感，并完成思想上的创造，学生可以发现问题、提出问题并将问题解决掉，这种探索环节能更好地感知审美对象，加深理解。在进行初步的阅读了解了课文的基本内容后，学生就形成了初步的认知，但老师们需要激发出学生的兴趣，鼓励学生不断探究，结合学生对文章的理解，从多个角度展开思考。教师设置探究的主题，让学生根据主题进行升

华，把握内涵，获得更深刻的审美体验。比如在讲解《孔乙己》这篇课文时，要求学生精读整个课文内容并提出问题：结合课文当中作者的语言，你们觉得孔乙己的结局是什么？学生在教师的启发下，从阅读体会出发，联系文中孔乙己的社会地位、性格和品行等，积极地预测孔乙己的个人命运。有些学生表示孔乙己可能是被饿死的，由于偷窃被别人打成了残疾，没有谋生的能力肯定没有吃的穿的。也有学生提出孔乙己换了一个地方去当乞丐了，在新的环境下，没有人知道孔乙己，也就不存在尴尬，就算当乞丐也没有人认识他。也有的学生认为孔乙己写得一手好字，可以帮别人写字换取收入。在讨论期间，教师引导学生选择可能性最高的结果，大家一致认为孔乙己肯定是去世了。在当时的社会背景下，落魄的文化人没有背景、权利，在社会上只能受到人们的嘲笑和侮辱，封建社会对读书人的伤害也很深，导致了读书人不愿意劳动又非常爱面子，本身性格又非常迂腐，很难在社会上生存下来，这样的社会对他们来说非常残酷。

教师向学生提出问题，带领学生对文本内容进行深入的探究，学生可以了解到封建文化制度的残酷性及对于古代文化人的迫害，学生切实地感受到了小说的悲剧色彩，营造出了特殊的阅读体验。教师在问题设计环节需考虑到学生的认知规律和动手能力，问题不能过于简单，也不能过于复杂，同时注意问题与文本应存在紧密联系，以引导学生走进文本，获得审美享受。

根据文本的内容展开辐射式的阅读体验。在讲解某一篇课文时，可以将相关的课文作为对比学习的素材。比如学习毛泽东《沁园春·雪》，同样是描述雪的诗句有很多，可以选择岑参的"忽如一夜春风来，千树万树梨花开"进行对比，诗人描述的雪花场景各有特点，有的将雪花比作鲜花，没有香味却让人感受到了春天即将到来。李白对于雪花的描述是"燕山雪花大如席"，描绘出了雪花的外形很大却不会产生厚重感，这样的雪花描述的是北方冬天的美景。韩愈的"白雪却嫌春色晚，故穿庭树作飞花"，为我们展现出的是春天雪花飞舞展的春天画面，景色既有俏皮也有灵性。杜甫的"乱云低薄暮，急雪舞回风"，描述的是雪花在大风的席卷之下快速降落，也体现出了诗人内心哀愁的思绪。

诗人对于雪花的描述各有特点，但是只有经过对比，学生才能深入地理解毛泽东诗歌的壮阔胸怀，"千里冰封，万里雪飘"充分展现出了诗人的伟大情怀，让人理解了诗人的伟岸形象。在描述雪花的基础之上，又展现出吞天吐地的气魄，因此"数风流人物，还看今朝"才能流传至今，凸显出了人们的志向。

语文教学活动不能只局限于语文学科，利用多样化的生活空间也是非常有必要的，因为文学艺术和生活密切相关，很多文学的创作素材都是从生活当中吸取的，学生具备对应的生活经验，阅读的时候才能理解文字的含义。教师要引导学生用审美的眼光观察生活，细赏每一片花瓣的娇容，每一株草尖的露珠；静听每一滴雨点的滴答，每一阵清风的细语。

实践活动对于学生的成长非常有意义，通过实践活动学生可以增长见识，锻炼心智，在阅读上对于作品的理解能力也会上升。教师需要做的就是为学生带来生活化的写作素材，并注重引导，锻炼学生的观察理解能力，在写作的时候用深度理性的角度探究，写出来的文章才具备深刻的意义。单纯的学术指导没有与生活密切连接，在教学上就会存在很大的问题。构筑立体多维的语文教学空间是拓展学生心灵体验的重要基础，审美主体在面对不同的文字语言和画面时，要运用自己的情感生命作为载体，深入研究审美的意象所呈现出的美感，这样的审美活动突破原本的客体环境，进入新的创造界面。

联系历史意象世界。《孟子·万章》中说："颂其诗，读其书，不知其人可乎？是以论其世也。""知其人"即了解作者生平，"论其世"即熟悉写作的背景。作家们写出来的作品体现出了特有的时代背景，所以作品的内容无法脱离当时的时代场景，这就是人们常说的主观色彩和局限性。要深刻把握作品的内涵，要更客观地评价作品的价值，必然要考察文本产生的背景及作者的心路历程。只有这样，才能真正与文本进行心灵的交流，与作者进行精神的对话。

美学家姚斯提出了作品的意义是逐步深化的，人们想要理解作品通常需要经过三个阶段的认知。第一个阶段是理解作品的表面意思对作者的意象世界进行重构，并融入自己的理解。第二个阶段是作品当中有很多空白点是需要读者自己去想象的，这非常考验读者的阅读心境和时代认知能力，不同的理解展现出来的阅读认知有着非常大的出入。第三个阶段是深化审美的理解和认知，提升审美的完整性需要与历史意象连接，了解到作者创作的时代背景，分析作者的创作本意。这样的阅读活动体现出了读者不断地重构意向世界，并且多次反思评价了文本的内容和重建的整个过程，才能对文本有更深刻、更全面的理解。为此，在指导阅读教学时，教师不应忽视作家及作品背景的介绍，更不能将这种介绍流于形式，与作品形成两张皮，要精选作家复杂生活经历中的与作品紧密结合的点，并联系作品给予介绍。对于这一点，初中阶段的语文课程教学就已经提出过相应的要求。教师要在语文阅读方面做好引导工作，指导学生认识社会的基本特征，并帮助学生理解作者创作的时代背景和动机，掌握作者的创作风格。在了解到基础信息以后，阅读作者的作品时，即使存在疑惑经过思考也能解决问题。

审美主体在面对客体的时候，内心会产生相应的感悟，这种过程属于典型的审美活动。根据这一原理，强化个人的体验，审美的理解能力才能得到强化。语文课堂教学上，教师需要引导学生不能关注表层意识，要学会从作品语言中理解作者的用意，在脑海中产生丰富多样的画面，从情节中提取关键场景，帮助学生融入作品的意境，这样的理解才会深刻。以小说鉴赏为例，小说营造出丰富的社会场景，教师指导学生进行角色转换，将自己置身于当时的社会背景之下，并感受人物的生活氛围，理解对方的情感特征，积极地融入进去，理解人物角色的喜怒和哀乐。在古诗词的鉴赏方面，要为学生营造出不一样的场景，帮助学生在思想上与作者形成共鸣。这样的艺术审美拔高了学生的艺术境界，提高了学生的审美理解力。

每个作品都有多角度的内容，其中有很多是空白的含义需要读者们进行个性化解读和创造。文艺作品往往具备了艺术极和审美极，前者是指创作的文本内容，后者是指读者阅读方面出现的体验和认知。文学作品创作出来并不能完全表达作者的本意，读者在阅读的时候也不能一味主观地去判断，而是需要结合作者的意愿和读者的理解。因此读者一定要采取积极个性化的创造式阅读，一边阅读一边理解文字意义，并融入自己的思想和个性。语文课程教学标准曾经也提出过教学建议阅读，语文作品需要重构作品的意义，深入研究作品的文学价值，通过读者的阅读鉴赏就能够体现出作品的真实背景，欣赏文学作品需要我们带着个人主观情感因素，但作为教师要做好情感上的引导，让学生把握作品的形象及情感认知，鼓励学生不断地构建出具备个人特色的文本。

传统的接受式教学，往往是教师事先根据教参和应考的经验，对文本的含义进行解读，但是如果教师统一按照这种标准化的教学方式，就会影响学生的创新能力，导致学生失去创新思维。

一元理解在生活当中比较普遍，那么多元理解则是属于个人的包含合理或较合理成分的理解。教师要允许学生对作品进行多元解读，鼓励学生对作品的形象进行创新性的理解，将原有的艺术形象拓展开来，将学生的人生体验和情感因素渗入作品中，不需要受到作品内容的限制，因为每个人的理解都有不一样的地方。文学作品会建立某个形象，结合某件事情展开叙述，因此能够产生复杂的含义，学生可以根据不同的结构设置出多层次的框架，从结构角度分析作品的美感，常见的有历史视角、文化视角、心理视角等，通过不同角度解读出的作品含义各不相同。鲁迅的《故乡》就描述过社会对人们的压迫，"老爷"的称呼就将人们划分成剥削与被剥削的阶级，这种文化氛围符合当时社会的风气。

教师要学会引导，让学生从特有的情感方面介入对作品的审美，使文本意义的建构呈现精彩纷呈的审美效果。例如，《背影》看似浅白，但它隐含的内容极为丰富。在"我"对父爱的回味中，交织着悔恨、内疚、自责等复杂的情感，而所有这些情感又都凝聚在"我"看到父亲背影时的瞬间感受上。文本的这种复杂内涵正需要我们从不同的角度把握。如果仅仅从父子情深去理解，就显得太单薄了。除此之外，我们还可以从骨肉亲情也难免有误解和隔阂方面去解读。当然，学生个性化的解读会有深浅之分、高低之分、精粗之分、雅俗之分，甚至还会出现误读，教师除了鼓励之外，还要予以积极的引导和矫正。正是在这种多角度解读过程中，学生提升了审美理解力。

# 第三节　语文教育对审美心理的建构

语文作为人文学科，作为学校教育中的一支主力军，是审美教育实施的重要途径。审美教育功能是语文的固有功能，语文对于审美心理培养的确责无旁贷。

中学课文中的作品文质皆美，语言优美、准确、生动，手法灵活多变、精细巧妙、富有个性，感情真挚、亲切、饱满，或叙事状物，或塑造形象，或抒发情感，或描绘意境。学生从中既可以获得丰厚的语言底蕴，又能在此基础上获得相关的自然知识和社会知识，提高感悟生活的能力。形象思维进一步发展，热爱并追求真、善、美，鄙弃和痛恨假、恶、丑的思想感情被激发，净化心灵、陶冶情操，点化和润泽生命得以实现。审美心理的建构是语文教育的必然使命，尤其是其中的文学作品，能以广阔的笔触延伸到其他艺术达不到的高度、广度与深度。将文学文本作为审美对象时，阅读使人的心灵达到暂时的放飞，在一定的时间里抛开现实的功利和负重，感受一种纯净的状态。优秀的作品汇集自然美和社会美，读者在欣赏、体验美的活动中，各种审美心理能力达到活跃和提高，构成一种具有节奏性、平衡性和有机统一性的完整形式的独特的心理结构。

## 一、语文教育对审美心理建构的优势

语文审美教育通过引导学生主动探索文本的内涵、感受作品语言文字的魅力，陶冶学生的情感，发展学生的人格，净化学生的灵魂，提升学生的境界，有效地奠定审美心理结构的基础。具体而言，语文教育对审美心理建构的优势在于以下三个方面。

### （一）便于培养学生对语言审美的敏锐性

人们创造了语言得以让智慧不断地传递，特别是文学作品由大量的语言组成，欣赏文学作品，不仅要了解表面意义，同时也要深层次地分析作品的含义，才能培养出个人的语感。词语的表面意义有多种词典可以解释，人们通过查阅字典就能够了解意思，但深层次的语感和人们的个性化体验有很大的关系，人们会结合个人的感受和经验产生不一样的认知，所以语感具备多样性的特点，但正是因为具备多样性的风格我们的阅读活动才能产生不一样的审美感受。学生在阅读作品期间要学会分析词语的深层次含义，不仅要理解词语的表面意思，同时也要理解词语背后的意义，形成准确的语感。

如学习朱自清的散文《春》时，教师可以引导学生品味"小草偷偷地从土里钻出来，嫩嫩的，绿绿的"中"偷偷地"和"钻"的含义，如果仅仅理解"偷偷地"和"钻"的字典上的意义，显然不足以把握其审美价值。教师应鼓励学生结合自己对春天景物的观察，调动自己的生活体验和感知经验，在此时的特定语境中，解读出小草的坚韧、急切、可爱、顽皮，以及生长时不引人注意、大片出现时又令人惊喜等特点，真切感受到春天里自然界的微妙变化，并在此基础上感受作者流露出的对春的满腔喜爱与赞美之情。经过训练，学生的语感就会越来越敏锐。正如叶圣陶曾引过他的知交夏丏尊的一段话，"'赤'不但解作红色，'夜'不但解作昼的反面吧？'田园'不但解作种菜的地方，'春雨'不但解作春天的雨吧。见了'新绿'二字，就会感到希望、自然的化工、少年的气概等说不尽的旨趣；见了'落叶'二字，就会感到无常、寂寥等说不尽的意味吧。真的生活在此，真的文学也在此"。

语言有多种音调、韵律和节奏，面对不同的文学作品可以了解作品的语言风格和结构特征，从这些角度进行审美可以获得独特价值。如余光中的《乡愁》："小时候，乡愁是……长大后，乡愁是……后来啊，乡愁是……而现在，乡愁是……"，一唱三叹，通过节奏的和谐伸展，展现诗人的一段段心路历程、一次次情感升华，在体味这种伸展中产生强烈的直觉式的美感，获得美的愉悦，也获得了其诗性本质及其存在。又如《蒹葭》，"蒹葭苍苍，白露为霜。所谓伊人，在水一方。……蒹葭萋萋，白露未晞。所谓伊人，在水之湄。……"尽管诗中多有生涩的词汇，但学生往往充满兴趣地、自主地提前背诵，皆因诗句调动起了他们的愉悦情绪。这种美感，正是进入想象、情感、理解等诸种心理因素形成的审美再创造境界的前提。

## （二）通过文本的心理实验效应，丰富审美心理体验

阅读过程使用审美化的方式，要求学生将自己的情感认知带入作品中，形成形象思维，构建出不一样的画面感，通过画面展现出情感世界，这样作品的整体结构就展现在学生脑海中。语文阅读的体验让学生感悟到不一样的人生，并且帮助学生产生了拓展的动力，让学生作为主体在阅读中完成审美，经过一番历程，由最初的审美心理结构与文本的不和谐、出现矛盾和痛苦，然后调和矛盾使之平和，到再出现矛盾，然后再次解决，抵达和谐，从而调节与平衡身心，使之健康发展，最终趋向平衡。学生的审美实践行为经过内化后，才能构成审美体验。比如，学生不可能有漂流历险独自生活在荒岛上的经历，阅读《鲁滨孙漂流记》能够使他们梦想冒险的心理得到满足。学生不能在北极感受酷寒、饥饿、风暴以及绝境中的挣扎、痛苦的期待，而茨威格的《伟大的悲剧》能够使学生体验这种痛苦，并在其中感受到了斯科特等人行为的高尚、品格的伟大。

欣赏就是在艺术作品中重新发现自己。阅读使学生进入角色，进入情境，情感得到滋润、灌溉，被充实、活跃、丰富、调整、宣泄、完善，使思想开阔、丰富、提高、深化。经过这样一番心理过程，审美心理结构又得到一次新的提升，并内化为下次审美的准备了。

## （三）激发模仿和个性化写作的欲望、释放审美心理能量

审美化的阅读，往往使人动情启智。例如，教学实践中，在对何其芳的《秋天》进行了审美的阅读欣赏后，很多学生不仅热衷于作品的吟诵，而且模仿创作了《秋天陶醉在校园里》之类的诗歌习作；学习泰戈尔的《金色花》后，学生模仿创作了《我是一片云》等小散文；学习杨绛的《老王》、余秋雨的《信客》等文章后，学生的记人散文变得充满情味，有《假如我是您的母亲》《我的启蒙老师》等很多优秀的习作；学习了电影剧本后，学生改编了《石壕吏》，颇有现代影视文学的味道。由读到写虽然还有很大的距离，但有了兴趣，再加上教师的激励与引导，学生写作将得到有效提高。学生的审美实践行为已经内化，当经验再转变为外在的事物时，已然内化成为心理结构的一部分了。当学生的兴趣由内而来时，下笔写作无论内容还是形式，都不会再千篇一律，而是异彩纷呈了。

# 二、文学审美教育是审美心理建构的最佳途径

有了客体美的存在才有主体的欣赏，才能内化为审美的感觉、知觉、表象、想象、情感等心理活动，并贮存、积淀于心理，建构起动态的审美心理结构。从

这一角度来看，语文教育中，文学客体美的存在为建构审美心理提供了最佳途径。文学艺术有其独特的规律，在不同文学体裁的审美实践中把握其特殊性进行文学的审美教育，要遵循文学客体美的特点，将客体美的实践结构内化为审美主体的审美心理结构。

## （一）诗歌审美教育

诗歌离不开意象，抓住意象进行审美阅读，是构建诗歌审美心理结构的基本方式。例如，有的教师指导古诗《天净沙·秋思》的审美阅读，先让学生在头脑中描画并感知用语言文字勾勒出来的形象——藤、树、鸦、桥、水、人家、道、风、马、阳。分析这些形象的特征，并启发学生以审美想象来完善形象：藤，是一些枯藤，干枯成已无韧性的屈曲缠绕之状，生命即将终结；树，是老树，灰色的树皮、深深的裂痕，毫无生气；鸦，在民族文化中本来就是一种凶鸟，更何况是在黄昏，倘若偶有鸦声一二，更难消凄迷之感了；道，是古道，透过"古"字，我们看到的是多年失修，路基坍塌，坑坑洼洼，让人难行；风，是砭人肌骨的寒风，不是宜人的春风；马，是瘦马，与主人一样风尘蒙身，人骑上去摇摇欲坠，更"载不动许多愁"；太阳，是即将落山的夕阳，金圣叹读到武松打虎一段"回头看这日色时，渐渐地坠下去了"时说："我当此时，便没虎来也要大哭。"

在这种审美知觉与审美想象中，审美情感渗透蔓延，审美心灵受到浸润，原有的审美心理结构悄悄地发生变化，有所补充、有所增进、有所完善。把这些形象连接起来，归纳其共同特征，梳理整体感受，也就是对意境的把握。作品中那些物象的共同特征大致可归纳为衰败、凄凉，"一切景语皆情语"，这些意象是作者内心世界的折射，透过这种折射，展现在我们面前的是落魄天涯、羁旅异乡、仕途失意，甚至是生意尽亏、学业无成者，前途茫茫、归宿不定的凄苦心境。审美的理性光芒参与其间，使感知、想象与情感得到提升，并使审美走向深刻，审美心理结构在实践中得到改组重构。

## （二）散文审美教育

散文的语言优美而独特，在散文创设的情境中往往寄托着作者的哲理情思。教师要引导学生细细地品味文本，从语言、意境、内涵等多个方面来阅读与欣赏散文，读出个性、读出创见。总的来说，要"通其情，晓其理"。散文活动有很多细节处的描写，用平凡的语言展现出不平凡的道理，通过局部来凸显整个社会上的道理，所以在散文当中有很多象征性的手法，通过小的事情比喻大的哲学道理。

比如朱自清的《背影》，作品一开场就描述出家境中落的背景，父亲在送别自己的时候去购买橘子，每一个行为的描写都有很多细节，特别强调了父亲的背影，让我们了解到了作者细腻的情感。"事非经历不知难，情非感受不知味"，学会了换位思考，人们的生活体验能变得更加丰富，作为儿子换位思考联想到父亲的经历，内心深处从而产生了恋恋不舍的情感，这种情感因素交融在一起变得复杂。

散文率性真诚、随意自由，将人的生命状态展现了出来，在面对散文时采用的审美观念一定要观察语言的表面特点，并深入分析人物的隐藏情感。从人物情感方面反复思考人物的心理变化，从而形成了审美的心理架构。《背影》为我们描述的是父亲对儿子的爱，但是作者却没有将这种情感直接点名，而是描述父亲的生活并不如意，双方产生了距离。在作者的带动下，读者产生了情感上的思考，在理性推理的过程中明白了这种情感内涵。

语文教学过程中，经常会使用到散文教学的素材，在中学教材体系当中散文作品相对丰富，因为散文的语言有浓厚的情感特色，包含了众多哲学道理，通过情境的构造，在空间当中让人们体会到多样的情感色彩，所以这种艺术表现形式受到人们的重视。从读者角度来看，审美活动是为了了解作品的美感，让人们能够提升个人的阅读质量。在语文学科教育上运用散文教学活动，也属于提升学生审美综合能力的重要方式。

## （三）小说审美教育

小说以人物、情节、环境为要素，另外，对小说的审美需要学生有一定的知识积累，如了解小说的类型，小说的"描写""线索""细节""铺垫""伏笔""照应""悬念""误会"等以及积累一定的语言材料。

小说的情节在发展中影响着阅读者的整个审美心理流程。人物是小说的灵魂，"栩栩如生""有血有肉""活灵活现""跃然纸上"等词语恰恰反映了小说审美的心理建构结果。人物形象通过文字的传达，加上阅读者心理的积极补充，达到对人物的审美感知，同时这感知中融入了理解、情感和想象。比如有一个教学案例分析孔乙己的形象：画面的描述非常具体，刚开始孔乙己穿着一身长衫，喜欢站着喝酒，但他的身材非常高大，脸上有一些皱纹，经常能看到一些伤痕，他的眼睛总是睁得很大，表现出一副不愿意与人争执的傲气，但也有惶恐不安的表情，比如在恳求掌柜卖酒的时候。对外貌进行描述，然后介绍了主人公的行为习惯：说话的时候喜欢满口之乎者也，说一句话喜欢喝酒，但也经常挨打，因为好吃懒做为了生存，不得不偷鸡摸狗，但对自己评价非常高，只是生活环境差总是受到别人的嘲讽和愚弄。社会地位甚至不如当时的底层人物，可见孔乙己的地位低下，受到了精神和肉体的双重摧残，这样的性格描写丰富了人物的形象和情感特征。读者在欣赏这部作品的时候，可以从命运性格等方面去审美，充分理解孔乙己的读书人形象。通过这样的层层推进，审美理解越来越深化，我们对人物从感到可笑可鄙到感到可悲可怜，审美情感也在逐渐丰富。当我们对这一人物的悲剧命运的因素做出分析有所醒悟后，孔乙己的形象、性格及其典型意义便内化，作为一种生成的结构注入审美心理，成为审美心理结构的新的一部分。

戏剧审美在初中阶段只是初步亮相，对于审美心理的建构与小说相似，这里不再详列。

### （四）其他文体的审美教育

在文学体裁当中，童话属于特殊的存在，因为这种文学和儿童的想象力相关，往往营造出了特殊的细节。童话的语言非常生动形象，有的情节非常怪诞离奇，但又展现出了作者的奇妙思维。寓言故事在文学作品当中也承担了重要的作用。寓言故事常常采取讽刺的手法，使用简短的故事，讽刺不好的社会现象。神话故事表现的是古代人们对于自然文化现象产生的敬畏心情，是古代人对于自然现象的理解，神话故事充满了幻想色彩，而这些神话故事内容也给我们带来了丰富的想象空间。

在中小学阶段，学生普遍喜欢童话、寓言和神话故事，这些作品受到学生的喜爱是有原因的。在语文学科教材中收录了相关的作品，比如《皇帝的新装》《蚊子和狮子》《盘古开天辟地》等，这些故事与我们的生活息息相关，通过故事的情节向人们讲述了生活上的道理。教师要指导学生产生联想，发挥出个人的想象力，从故事当中的情节联想到生活的感悟。

童话、寓言、神话的审美教学需要设计最恰当的活动方式，如朗读活动、复述活动、概括活动、想象活动、讨论活动、品析活动、写作活动等，为学生的审美心理建构搭好桥。

总之，在审美教育过程中，要遵循审美心理建构的规律，做好长期的、大量的审美实践的积累，教学中要尽可能多地让学生接触优秀的文学作品，做好量的准备。

# 第四节　初中语文教学中学生审美趣味的培养

在语文阅读中许多文字并不能化作感受，不能由抽象的文字化作形象的内在感受。这是由于学生的感受能力得不到应有的发展，自然审美主体对美的感受力就不能唤起学生内心世界的冲动。所以对美的内在感受力是需要培养的，要使它变得敏锐起来，语文教学中应充分利用语文学科所包罗的丰富表象，从不同的角度培养学生的感受力。

## 一、借助文本，培养多向的感受力

### （一）通过形式与内容，丰富感受力的层面

语文学科有大量的语文素材，培养学生对课文的审美感知就叫作审美感受力，审美感知包括了学生对课文内容的整体理解和感悟，其中感知最为重要。语文课本中富含大量的审美因素，假如学生没有关注审美因素的特点，就无法真正理解审美对象的价值。从事物的感知角度来看，人们只有对某些事物产生了感知，才会逐渐认识事物的本质，而审美活动同样如此。

1.从外在形式调动学生的审美感受力

（1）感受节奏音韵美

在诗歌教学中对音韵节奏外在形式的审美感受尤为深刻，学生通过对诗歌的学习和积累，在对四言、五言、七言、长短句的变化，现当代诗歌的句式不规则变化的体验中，会产生不同的美感。诗歌和音乐是不可分的，对诗歌的配乐朗读恰恰能唤起学生更加强烈的情感。诗歌的音韵、节奏和音乐的节奏和谐统一，带给学生的美感是无限的。在教学中我们提供多种音乐形式和多种风格的乐曲，让学生根据诗歌的基调来选择音乐，进行配乐朗读。如朗读舒婷的《祖国啊！我亲爱的祖国》时，学生根据自己的体验和朗读风格选择音乐，有同学选用长笛演奏的悠远、深情的乐曲，有的选用钢琴演奏的宏大、变化热烈的乐曲，有的同学还根据诗歌情感基调进行剪辑组合音乐，使得诗歌和音乐的节奏变化更为和谐。

学生在这种朗读氛围中感受到诗歌外在表现的魅力，并被其美感深深地打动，内心世界被诗歌的美感所吸引，并自觉地表现出对诗歌文学样式的喜爱。

（2）感受结构美

语文教材中的作品一般都短小精悍、结构精巧，即使节选也是如此。如在刘成章的《安塞腰鼓》中，作者先展示腰鼓表演前的广阔背景，然后极有层次地描写了雄壮火烈的腰鼓表演场面：先鼓声乍起，后鼓声正酣，再鼓声达到高潮，最后鼓声停止，层层深入地把黄土高原上一场空前的震撼人心的腰鼓表演描写得绘声绘色，让人身临其境。像这样的文章教材中还有《背影》（以多次出现的背影勾连全篇）、《三峡》（文章先山后水，布局自然）等。

（3）感受不同语言风格之美

中学课本中编选了许多名家名篇，不同作者的语言风格差异明显。对语言风格的直觉把握，也是感受能力强弱的表现。对于同类题材的作品，不同作家笔下的语言表达风格是有很大差异的。有的作者语言睿智；有的作家语言简洁、清新；有的作家语言洁净、整齐，有些作家的语言中融进了自己对人生的睿智思索，富有哲理。人们对于不同类语言风格的感受能力各不相同，因为人们的大脑存储的信息有很大的差异。审美信息存储得越多，审美能力越强，在看到审美对象以后产生的审美选择权利更多，并形成了特有的审美心理。教学环节可以将文本的某一话题作为讨论点，激发学生感受不同作家语言风格的差异，如将学者型作家宗璞的语言风格和同类作家张晓风的语言风格进行比较，看看他们有何异同，引导学生形成自己的审美经验，加强对语言符号的审美感受力。

2. 从作品内在意蕴中培养感受力

（1）自然之美的感受力

自然之美在语文课文中随处可见，作者笔下的自然世界是丰富多彩的，有高峻葱郁的名山，有淙淙流淌的山泉，有一泻千里的瀑布，还有动人心灵的花草。对于学生来说，常忽略对自然的亲近，许多学生对于网络的兴趣要高于对自然的兴趣。这对于审美趣味的培养是不利的。

美学大师宗白华对于我国的山水画和古诗进行研究，认为在魏晋时期人们真正意识到了自然界的美好，比如陶渊明、谢灵运等诗人纷纷赞颂自然的美感，山水的美成为作品创作的重要素材，而这种观念也影响了现代人的审美，所以我们在面对自然界时会产生亲近的态度。

（2）艺术之美的感受力

文学作品的艺术美包含很广泛的内容，本书主要涉及形象美和意境美。形象美主要指文章中人物所表现出来的精神境界。

作者创作的作品将情感和客观事物充分地结合在一起营造出来了特有的意境，这就是整个作品的精华部分，而意境和生活有区别又有联系，生活中的事物融入作品中，这样的艺术境界值得人们欣赏。如吴均的《与朱元思书》讲述了山和水的景色，运用了动静结合的方法，让读者感受到了富有变化的山水景观，特别是富春江两岸的"山川之美"让人们印象深刻。

如学习《秋思》这篇文章时，我们通过学生的朗读，借助多媒体激发他们内在的感受，引导他们去再现画面的内容、画面的图案、画面的色彩、画面的表现的基调。学生把诗歌分成不同的场景画面：

第一幅画面是"农家丰收图"，营造出松弛、闲适的氛围，背景图是一幅中国画《秋》。

第二幅画面是"霜晨归渔图"，背景图是中国画《独钓图》，清凉、冷寂、朦胧。

第三幅画面是"少女思恋图"，背景图是《花语》，清纯、明净。

诗中各幅画面，以及画面里的各个意象，无不和谐统一，因而这种氛围所赖以形成的清静、清远在朗读中冲击着每个人的内心。

## （二）通过多种视角，拓展感受力的广度

从不同的角度感受作品，得到的美是不同的。教师在语文教学中要引导学生从不同的视角去感受美，增强美的感受力。

### 1. 外视角与内视角

观察事物有内外两种视角。其中，对客观事物的心灵感知叫作内视角。内视角需要人们调用知识、经验和情绪，属于外视角的升华。作者创作作品期间产生的心态会影响作品创作的意境，如"无可奈何花落去""落红不是无情物"就是很好的证明。内视角决定了个体对事物的不同感受力，决定人们对外视角的不同的审美发现，如第七册语文课本所选的宗璞的《紫藤萝瀑布》中："我抚摸了一下那小小的紫色的花舱，那里满装生命的酒酿，它张满了帆，在这闪光的花的河流上航行。它是万花中的一朵，也正是一朵一朵花，组成了万花灿烂的流动的瀑布，这里除了光彩，还有淡淡的芳香，香气似乎也是浅紫色的，梦幻一般轻轻地笼罩着我。"我们在教学中要启发学生对感官的敏感性，这样引导："那小小的紫色的花舱，那里满装生命的酒酿，这生命的酒酿指的是什么？"通过问题设置，引导学生产生对生命的感悟，由此我们看见的这些藤萝花才会在生命的长河中发出光彩，才会激发我们对生命产生新的认识。

### 2. 空间视角和时间视角

时间和空间形成的架构为我们营造出了多样化的世界，生活当中的场景同时具备了时间及空间的因素，结合空间的视角分析作品的人物形象，如《黄河颂》中"望黄河滚滚"的"望"字，一直统领到"把中原大地，劈成南北两面"。而这所"望"的内容，既有写实的成分，也有雄奇瑰丽的想象，条理清楚，章法谨严：先是近镜头特写——"惊涛澎湃 / 掀起万丈狂澜"；再是俯瞰全景式的总写——"浊流宛转 / 结成九曲连环"；然后是纵向描写黄河的流向——"从昆仑山下 / 奔向黄海之边"；最后横向展开到黄河流域两岸——"把中原大地 / 劈成南北两面"。

时间视角是指以时间的流程来把握客观事物，从而发现美。如《三峡》就是从四季的变化来写的，在每个不同的季节感受到不同景物的美。

### 3. 宏观视角与微观视角

整体观察的视角叫作宏观视角，从局部进行观察叫作微观视角。如我们学习《苏州园林》时，对于苏州园林的说明就是先从整体说明，然后再讲解局部。整个作品是站在游客的角度对特征进行概括的。这就导致了在阅读作品期间从任何一个篇章去阅读，总能看到完美的场景。比如作品首先讲解了亭台楼阁的布局、假山的设计、花草树木的衬托等，其次从近到远逐步讲解每一个角落都充满了美感，使学生发现它的美。

## （三）通过生理和心理感官，发掘感受力的深度

感觉是主体的人通向外在世界，领受由客观事物引起的知觉感触的窗口。比如我国台湾地区作家王武则在散文《道不完的乡情》中写道："谈起故乡，我就有美不美乡中水，亲不亲故乡人的感念。那青的山、绿的水、红的枫、白的雪，和善的乡亲，敦厚的人情……都值得大书特书。"这段文字是作者通过视觉，对客观事物的颜色、品质的感受。正如亚里士多德指出的，感觉"是智慧的第一个也是最后一个源泉"。审美形态可以分为"悦耳悦目""悦心悦意""悦志悦神"三个方面，展开教学时也可从这几方面下手，充分调动学生的眼、耳、口、鼻、心等各种感官，让美陶冶和锻炼学生的心灵。

### 1. "悦耳悦目"的生理感受力

人的眼睛和耳朵可以产生直接的感官体验，因此在语文教学过程中，可以通过大声朗读的方式感受内容。

①加强课文的朗读。例如：课文《安塞腰鼓》中表现了热情澎湃、震天撼地的鼓声，可以让学生用声音再现这样的场面。朗读时，教师先利用音像材料，让

学生有直接的视、听觉感受，在这样的背景下，唤起学生的朗读热情，展示学生心中的情感色彩，促使学生对作品有更深入的理解。对课文的朗读指导需要教师做好充分的准备，调动学生的情绪，才能唤起学生对作品情感的领会。

②鼓励学生多参加实践活动，获得更深刻的视、听觉感受。如参加"莲文化的魅力""背起行囊走四方"这样的综合性活动，让学生亲眼看一看、亲自感受这个世界的美好，绿水青山、花香鸟语、日出日落、江海波涛、春柳、夏荷、秋枫、冬雪……样样都给人耳目的感官愉快，再渗入想象、理解与情感，学生便在耳濡目染、潜移默化中，形成良好的美感。

③除了视觉、听觉以外还可调动多种感官感受力。如《社戏》中月夜行舟的美景，"两岸的豆麦和河底的水草所发散出来的清香，夹杂在水气中扑面的吹来；月色便朦胧在这水气里。淡黑的起伏的连山，仿佛是踊跃的铁的兽脊似的，都远远地向船尾跑去了……那声音大概是横笛，婉转，悠扬，使我的心也沉静，然而又自失起来，觉得要和他弥散在含着豆麦蕴藻之香的夜气里"。这抒情的笔调，将月下水乡描绘得清新、幽远，如梦如幻，散发着江南泥土的芬芳。在感官的感受中色彩、声音都是审美感受的初级阶段；在作者敏锐的听觉、嗅觉、视觉、触觉等共同作用下，山与水的美刺激了生命自身，到达主体审美感受的中级阶段，运用联想和想象超越自身，带入一种新的精神的愉悦，是主体审美感受的高级阶段；教师指导学生对这些段落进行阅读，体会作者的感官感受力，对培养学生对于美感的敏感性是非常有利的，也有利于对于审美趣味的培养。

2. "悦心悦意""悦志悦神"的心理感受力

心理上的审美相对普遍，耳目审美帮助人们感知外部的世界，形成丰富的审美体验。语文课本中有很多待挖掘的情感和意念，对这些元素进行深度的挖掘，可以让我们理解作品的深层次意义。如《童趣》描绘的就是生活中产生的情绪，围绕着一群学生，老师们将自己小时候的故事讲了出来，学生非常愿意听并且积极发言，体现出了人们对生命的热爱。综合活动"戏曲大舞台"鼓励学生通过实践活动去了解戏曲艺术并收集资料，动手实践期间学生听到戏曲音乐，感受了五彩缤纷的脸谱画面。

教育活动可以锻炼人们的意志力，强化人们的情感认知，陶冶人们的情操，帮助人们形成崇高的精神认知。文学作品汇聚了人类社会产生以来创造的宝贵精神财富，蕴含的生命价值非常深远，我们通过阅读文学作品就能获得审美上的享受。《斑羚飞渡》讲述了老羚羊为了下一代的生存，从容面对死亡，让读者感受到了对生命的敬畏，对生命的意义也有了更深的理解。

## 二、借助审美想象，激活表象感受力

想象力是我们审美趣味的重要组成部分，从心理学的角度来看，想象力非常复杂，在开展审美活动期间运用想象力能够超越客观环境的束缚，让我们的思想与世界自由地连接在了一起。

对于审美趣味中的审美想象力的培养：一是要抓住空白之处赋予审美表象以生命情趣；二是赋予表象以自由的情感色彩；三是要给予唤起审美想象的特定情境。

### （一）赋予表象以生命情趣

在众多学科中，语文学科有着大量的象征意义。开展语文教学活动，要指导学生感受文字语言的象征意义，从中分析作品的背景与形象，并且将语言转化成画面存储在脑海当中，这才是语文真正意义上的教学形象性。形象在文学作品中不外三种，即人物形象、自然形象、自我形象。在初中语文教材中，有各种文学人物形象，如爱子情深的父亲，善于教子的母亲，爱学生、影响学生一生的教师，活泼、顽皮、善良、乐观的孩子……还有姿态各异的自然形象，那经过劫难的盛开的藤萝瀑布；那夏水湍急、秋水涧肃、春水白绿相间的三峡；秋日登高所见的自然景物"无边落木萧萧下，不尽长江滚滚来"……语文课本中这些鲜活的形象要变成个体心中充满生命的形象，满足学生的审美需求。

1. 情境虚拟法

作品往往描绘出了大量的情境，课堂教学要充分利用情境的作用烘托出相应的氛围和情调，为学生产生心理体验奠定基础。如《山中访友》这篇课文用人格化的手法，将大自然的树木、山川、小桥、流水都赋予了人类的思想和胸怀。我们在学习中，把它改编成童话剧，学生自己扮演文本中不同的角色，他们头戴不同的头饰，似乎真的走进了大山去访问白云、小溪、山泉、古树、小桥……学生如临其境，如闻其声，甚至推己及物。在体验中，物与我的距离缩短乃至消失了，学生进入物我同一的境界，自我仿佛移入对象中，与对象融为一体。我们知道学生的审美经验是有限的，当作品中的人或事离学生的生活经验较远时，我们采用情境法引导学生进行审美想象，从而对这些景物赋予个体的生命色彩。

2. 补白法

作品创作通常会产生一定的空白，这是为了让审美对象进行自由发挥，彰显出作品的生命力，每个读者在阅读以后形成的体验各不相同，少量的空白让人们

113

产生了各自的情感认知。艺术中的空白也可以看作召唤结构，读者读到这里希望用自己的体验感去丰富作品的内涵。

### （二）赋予表象以情感色彩

艺术的外在形象非常多样化，所以表现出来的艺术形态各不相同。审美主体——学生在体验中将自己的审美情感投射到这些形象上，体现出移情的特征，方可欣赏到形象之美。

### （三）赋予表象以特定的情境

在看到特定的审美对象以后，人们的想象力就会发挥作用，这是审美过程中最为常见的现象。有时我们可以在对诗歌意象的想象中加入音乐或是画面，甚至可以动情地吟诵，以利于审美想象的展开。

对于想象的培养，可以通过课文中这些内涵丰富的艺术形象感染学生敏感的心灵，使他们在和这些美好的艺术形象交流的过程中，丰富自己的人生阅历、审美感受，使自己的心灵更澄明。对美的、善的、真的形象给予认同，对丑的、假的能做出自己的审美判断和审美选择。

## 三、培养审美判断力，建构广泛图式的审美感受力

### （一）整合教学内容，扩大阅读范围

为了使学生在课堂中能获得更多的信息，拓展他们的审美视野，我们在教学中采用整合教学内容的方法尽可能为他们多提供一些经典的作品。一是在整合中要注意"精当""广博""优化"。内容整合以课文为点进行横向和纵向联系，为学生积累审美经验。二是为他们提供有较高审美价值的审美对象，如同一作家不同时期作品的比较阅读、中外著名作家作品的比较阅读，使中学生的审美趣味发展尽量少受到民族、时代的局限，不会使个体的审美偏爱形成一种封闭排外的审美心理定式。

#### 1.对相同文化背景下作品的差异感受

对相同文化背景下的作品比较，从两个角度展开。一个角度从同一作家对不同的审美对象的感受入手进行比较阅读，另一角度从同类审美对象不同的作家的审美感受入手进行比较阅读。

语文课本选编了不少古今中外名家名作的篇目，如初中课本中选编了李白、杜甫、苏轼、陆游、朱自清、鲁迅、老舍、冰心等名家的作品至少两篇。多学

习名家名作对提高学生的欣赏品位、审美趣味是非常有利的。如果我们就某一篇作品来观照作家的创作风格，了解其整个人生态度及审美价值取向，会对学生产生空洞的说教效应。但是，如果我们把这些有利的资源按照一定的主题整合在一起，再对学生的知识系统加以有效地梳理，就可以扩大学生原有的信息量，提高学生的欣赏品位和审美情趣。在比较品评中学生的审美趣味受到潜移默化的影响，促使其主动明确自己的审美趣味倾向，并使审美趣味向着更广阔的范围发展。

语文课本是按单元的主题选编课文的，学生会在主题单元里，接触不同文体、不同风格的作品，这很利于学生审美趣味的发展。在具体到每一篇课文时，也有一些主题相似的但出自不同作家的作品，我们课堂教学中还可以补充进来，比较他们的异同。在比较鉴赏中，学生的审美趣味也会得到拓展。不同作家的人生阅历是不相同的，审美趣味也相差甚远，对于经典作品的比较、鉴赏，学生可感悟到他们的人生观、价值观，以及他们审美趣味的倾向。

如《三峡》以凝练生动的笔墨，写出了三峡的雄奇险拔、清幽秀丽的景色。学习本课之后引导学生阅读文段一："江水又东……回望如一"，阅读文段二："江水又东……谓之巫峡"。同时，引导学生阅读余秋雨散文《文化苦旅·三峡》，探讨不同作家笔下的审美对象的描写特点。

2. 对不同文化背景下作品的差异感受

不同的文化背景下的审美趣味是有所差异的，学生应该兼收各家之长。美学家朱光潜先生说："艺术和欣赏艺术的趣味都必须有创新，都必须时时刻刻开发新境界，如果让你的趣味囿在一个狭小的圈套里，他将无机会开发，自然会僵死，会腐化……""不能欣赏许多派别诗的佳作，就不能充分地真切地赏析任何一派的佳妙"。[①]

如战争题材的作品，我们初中阶段的语文课本选了好几篇。有中国作家的作品，如《白洋淀》《芦苇荡》等，有外国作家的作品，如《最后一课》《蜡烛》《亲爱的爸爸妈妈》等。在教学中讲授孙犁的《芦花荡》这篇课文时，可以补充《最后一课》《蜡烛》等课文，引导学生在比较阅读中体会中外作家对战争的不同感受。

教师出示这样的话题：比较中外作家叙事人称角度差异；比较环境描写；比较人物形象；比较他们表现的主题；比较语言特点。

---

① 朱光潜.谈美书简［M］.上海：华东师范大学出版社，2014.

学生自己选点进行阅读探究，教师引导学生学会对作品的深层阅读，培养他们个体的知识储存量，培养他们的语言和思维、情感的多维发展，对不同民族的优秀作品多角度地体验，有助于个性审美趣味健康的发展，避免审美趣味受到民族文化的影响，阻碍审美趣味范围的拓展。

### （二）感受不同形态的美，拓展审美视野

拓展审美视野对个性的审美趣味的建构是非常重要的，特别是在教学上，感受不同形态的美有助于中学生形成更宽广的审美视野。审美形态丰富了，人们的审美能力也会同步增长，审美鉴赏力和个人的发展是息息相关的，在接受不同形态的审美教育之后人们就能掌握到审美的技巧。因此针对不同形态的审美教育，必须参考美育的内容来实施，这样有助于达到美育的目的。

为了使学生在课堂能获得更多的信息，拓展他们的审美视野，就要让他们接触各种审美形态，发展他们对各种美的形态的了解，不能仅局限于一种美的形态。教师具体的做法如下：

优美是一种和谐自由之美，"阴柔"便是优美的本原，阴柔之美正是柔和、清丽、雅静的美。优美的实质是主体与环境（自然和社会）之间的自由和谐，我国古典诗文中对此表现最为突出，如陶渊明、王维的诗歌。而崇高的对象往往是残缺、无序甚至是无形的。如我们学习张晓风的散文《行道树》，课文告诉我们，唤起神圣的事业总是痛苦的，但是，也唯有这种痛苦把深沉给予我们。它表达了对生命形式的超越，尽管是一种不愉快的感觉。再如我们学习的《斑羚飞渡》，这是表现崇高审美形态的课文。而与崇高一样，悲剧是一种动态的、过渡性的审美形态，它有挫折的一面，也有胜利和永生的一面。悲剧艺术从来都是对人生意义的探求，通过死亡来思索生的意义，通过痛苦来追求精神的自由，悲剧艺术家由此把悲剧艺术上升到本体论的意义上，使之具有哲学意味。喜剧又称滑稽，与悲剧一样，喜剧也是一个矛盾结构，但这种矛盾结构在本质上是非对抗性和非冲突性的。如我们学过的成语故事"守株待兔""刻舟求剑"等，均可作如是观。《阿Q正传》所呈现出来的则是悲剧与喜剧的混合品格。

对于审美形态，学生往往倾向优美一类，但对于其他审美形态的喜爱，还需要教师通过课内外审美活动相结合的方式进行引导，如推荐名著《莎士比亚戏剧》《巴黎圣母院》《堂·吉诃德》《老人与海》等，让学生比较理解各审美形态的美。

教师对于学生对某一审美形态的偏爱要给予肯定，如指导他们写鉴赏札记等，

以此来表现学生对于美的理解，展示出最能打动他们心灵的地方。每周评出几篇较好的文章，推荐给同学。

课堂上教师不仅要有意识地提供作品，而且要逐渐引导学生自己来提供作品。在对有些课文的学习过程中，老师为学生提供拓展阅读作品时，要有意识地选择不同的审美形态的文章，并逐渐引导学生自己选择。在实际操作中，以小组为单位，轮流提供，既调动了学生的积极性，也拓展了他们的视野。

课外开展多种阅读活动，给予学生展示的空间。审美世界是无限的，个人的审美经验却总是有限的。通过名著阅读及评价，使学生对不同层面的审美价值做出选择和评价，审美趣味便也可得到相应的拓展与丰富。

## 四、蕴染心灵，培养敏锐的情感力

### （一）挖掘作品情感，强化情感体验力

情感力是每个人都具备的体验，它具有使审美主体和审美对象相互融合，感受主体心里自由状态的功能。掌握生命的价值应结合个人的遭遇，并且不断地体验生活才能真正地理解生命的底蕴。情感的因素是从个人的体验出发的，但最后的归宿同样是情感。人们想要获得更加深层次的体验，只能拓宽生命的情感范围，不断地开展探索活动。

审美的对象与主体在某种程度上是一体的，作为审美主体想要深入理解审美对象，只能具备强大的审美能力，才能获取审美的体验，审美的愉悦性非常直接，产生了审美的冲动以后，人们产生了新的认知，而这种快感就形成了审美趣味。另外审美逾越性是间接产生的，在双方审美关联中审美的主体及客体既有融合又有相对独立的地方。审美的主体在面对审美对象时产生了自由自在的心理愉悦感，这样的审美才变得有意义。

作品内容反映的是对客观世界的印象，作者要从现实社会中寻找对应的事物，必然在观察、感受、思考的基础上有自己鲜明的态度，或爱，或恨，或悲，或喜，或赞扬，或同情，或厌恶，或批评……在表述中自然有作者的情感流露，而那些有真情实感的文章，流传千古仍能熠熠发光，可见"情"在文章中的作用之大。大而言之，有爱国之情；小而言之，有亲情、师情、乡情、友情等。白居易说："根情，苗言，花实。"情是文章的本，作者内心饱满的情感在文章中由衷地倾吐，因此要在文本中感受到作者的情感，最终要走进他们，和他们进行交流，和文本中的人物进行心灵交流，和作者进行心灵交流。一个人打开一本书，就是在

观察第二次生活，就像在镜子深处，寻找自己的主角，寻找自己的思想答案，不由自主地把别人的命运、别人的勇敢精神与自己的性格特点相比较，感到遗憾、懊悔、怀疑，会哭、会笑、会同情、会参与，这就是感情地传染。进行情感体验，就是要走进文本倾听作者诉说，倾听作品中一个个人物的诉说，触摸与体会他们的所行、所想、所思，联系自己的生活经验展开联想和想象。

## （二）走入生活，强化情感的敏锐性

有些人虽然对作品中的人物、情节都了解，但就是说不出它的美，因为美产生在情感和趣味中，这需要培养审美情感的敏锐性，使情感更加精细，能感受到作品的独特之处。

### 1.增强学生的审美实践，丰富审美情感体验

教师可用的方法有：一是开展一些参观和郊游的活动，使学生有机会接触自然和社会，引导学生发现自然美和社会美，丰富情感积累，丰富情感经验。二是在学生的审美创造实践中促进情感的发展。学校可以创建"春芽文学社""校园之星""校园广播站""话剧社"等多种形式的文学社团活动，让学生走入生活，走入社会，丰富学生的审美情感体验。

### 2.加强作文教学，培养审美情感的敏锐性

生活就如源泉，文章就如溪水，泉眼丰盈而不枯竭，溪水自然活泼地流个不停歇。作文教学中，学生的作文常出现情感贫乏、语言平淡等问题，其关键原因是学生的感悟能力薄弱，不能在生活中捕捉瞬间而逝的情感，学生的情感过于粗犷，不够精细敏锐。因此，我们要加强作文教学，培养审美情感的敏锐性。

首先，我们要引导学生关注一些生活中细微的小事，如我们的口头作文训练，常常从身边小事入手展开训练。话题有"我最喜欢的一处景物""我最开心的一刻""感恩""我感受到……"等。

其次，引导学生走进生活，在生活中感悟，提升情感的敏锐性。如：学习朱自清的《春》，就带领学生在郊外观察自然，寻找季节的特征。学生用心感受自然之美，教师通过写作方法进行引导，使学生的情感愈加细腻敏锐。

## （三）探究教学，指向情感的深层——价值观

人们的价值观理念对于个人的生活有着重要的指导意义，每个国家、民族和地区由于存在过多的差异，所以价值观理念又各具特色，这就导致了人们的审美趣味有不一样的取向。从文化价值观角度来看，价值观念是深层次的概念，对于

生活产生了重要的影响。从情感角度来看，价值观影响了人们的审美趋向。所以，价值观是人们对于目标、价值、信念的追求，影响着人们的言行举止。

学生价值观的建构和个体的情感、态度紧密联系在一起，可以将价值观的内涵运用起来，并放在语文教学上，凸显出人文性的特征，帮助学生构建出良好的价值观，这就是语文教学价值的重要意义。

1.探究文本作者的价值观，触及学生深层情感，形成健康的价值观

文本作者的价值观，总是能透过文本影响着学生的价值观建构。作家们在创作过程当中可以从多个角度阐释规律，比如从心态、气质、思维、价值观等领域进行描述。这样创作出来的作品包含重要的价值，也能获得读者的认可，阅读作品就能感受到作者的影子，人们会对作品的价值进行评判。深入研究了作品内容以后，与作者的情感产生了共鸣，这种转化就属于审美的特点，在作品中作者表现了自我，并且有很多真理，这些都是读者们应关注的重点。人们通过审美活动来理解作品的情感价值，这些内容可升华为社会上的价值观，而艺术家们要做的就是将这种情绪描述出来，让更多的人知道。

文学家的精神世界、人生态度、价值观，对于今天的学生价值观的建构，是宝贵的资源，教师要充分利用这些资源，在学习过程中，指导学生通过探究作者的精神世界和价值观，受到有益的影响。在现代文阅读教学中，我们学习《故乡》这篇课文时，教师指导学生在文本整体的感悟和主题的理解基础上，做深层次的探究，出示探究话题：探究文本底层作者的情感世界，思索这对于今天我们的价值观形成有何作用？

在我们学习海伦·凯勒的《再塑生命》这篇课文时，引导学生找出文本中表现作者对"爱"的理解的句子，列举如下：

"爱是花的香味吗？""爱是不是太阳？""爱有点儿像太阳没出来以前天空中的云彩。你摸不到云彩，但你能感觉到雨水。你也知道，在经过一天酷热日晒之后，要是花和大地能得到雨水会是多么高兴呀！爱也是摸不着的，但你却能感到她带来的甜蜜。没有爱，你就不快活，也不想玩了。"

引导学生探究海伦的内心世界对于爱的看法，引导学生感受文本美好的情感和海伦充满爱的情感世界，引导学生形成健康的价值观。

教师引导学生去感受情感底层的人生态度、价值观，对个体的审美价值取向有着深刻的影响，激发学生去思考自己的生命价值和意义，涤荡他们的心灵，净化他们的感情，从而形成健康的审美趣味。

**2.探究文本中的丑形象，拨动学生的深层情感，形成健康的价值观**

教学中对学生个性审美趣味的培养，不仅要使学生学会审美，也要学会审丑。只有学生的视野开阔，才会有真实而高尚的审美趣味，因此我们不能回避丑。

对学生人生观、审美价值观的建构，不能只引导学生欣赏美好的正面形象，更重要的是还要学会分析批判反面的、丑的形象，不能认为"近美者则美，近丑者则丑"。甚至认为稍有不当，丑就会污染孩子纯洁的心灵世界，甚至丑还常常泛化成道德之"恶"，将道德伦理中的"恶"驱赶出课堂。

人的价值关系着人存在的意义，评价生命的价值就必须客观评估，不能只关注道德立场。美和丑是相对应的，在现实生活中有美也有丑，并且美和丑是互相依存的。从生命的角度来分析，不管是美的事物还是丑陋的事物，都有存在的价值。人们要学会审美，同时也要学会审丑，只关注审美的价值观念，人们的认知就会变得狭隘，难以产生开阔的思维。审美方面如果深刻理解了美的价值，产生的震撼力非常大，所以一定要提升个人的审美能力，并且学会反思，这是人们必须客观面对的问题。对于荒诞、苦难、丑陋、邪恶等视而不见，或轻率地将其"浪漫化"以求心理平衡和虚假和谐，对于个性审美趣味的健康发展，是不利的。

初中课文中表现丑形象的课文有《孔乙己》《变色龙》《故乡》《范进中举》《杨修之死》《威尼斯商人》《我的叔叔于勒》《海燕》等。课文中的这些人物形象形态各异，往往给学生留下深刻的印象。语文教材中的丑形象有助于学生更完整地认识自身，促进审美趣味的健康发展。如：课文《老王》中的老王在临终前为"我"送来鸡蛋、香油的场景，老王的外表是那样丑陋，面色死灰，两只眼都结着一层翳，分不清哪只眼睛，哪只眼不瞎，从面色到眼睛到肢体，"简直像从棺材里倒出来的僵尸"，更令人可悲的是"从胸中涌出的是骷髅上绷着一层蜡黄的干皮"，而就是这样一个临死的人，却把弥足珍贵的东西送给作家，"我不吃""我不要钱"，这两句话中包含着对自己最崇敬的人的一片心意。然而"我"毫无知觉，几年下来才深悟到这具有金子般善良的心的人对友情的渴望与企盼，意识到友人的真挚情意要平等对待、真诚相待更为可贵。这就启示我们不断地自我反省，从而不断地完善自己。

又如：《故乡》中的豆腐西施杨二嫂是一个可恨而又可怜的人。她的眼里只有"物"，只有"利"，只有"钱"，而没有"人"，她是没有感情、道德、精神需要的人。在这个世界上，她是能捞就捞，能骗就骗，能偷就偷，能抢就抢。人们生活在社会上离不开互相关联的沟通，建立在沟通基础之上人们才能产生情感上的联系，不仅如此，整个社会还需要道德修养及精神象征，运用高尚的道德品行和品质来美化人们的行为。豆腐西施杨二嫂这样的人物丧失了道德感，所以就会出现损人不利己的行为，甚至引起了周围人的反感和厌恶，但是作为人的角度来看杨二嫂个人的命运，却是值得同情的可怜人。性格上的自私狭隘，让杨二嫂不能正确地认识自己，比如想要表现真情，却让人感到虚情假意，想要表现自己的聪明才智，却认为小偷小摸就是聪明。杨二嫂希望自己变得更加精明能干，但是在别人看来这些小聪明和小把戏是让人讨厌的，这就导致人们对于杨二嫂的行为嗤之以鼻。

教师在教学中可以采用口头复述法、剧本表演法等不同的形式探究文本人物，引导学生对人物形象进行理解，唤起他们内心深层的情感选择，促进个体价值观的健康发展，培养学生健康真实的审美趣味。

# 第六章　初中生语文审美教育的实践路径

教育部门规定初中语文审美教育应注重个性化发展，为实现这些目标，我们应积极开展实施策略的相关解析和设计工作。在此过程中，充分依据初中语文教育个性化基本特征和实践原则，同时，力求符合审美教育的发展规律，保证实施策略的科学性和可操作性。

## 第一节　师生角色的理性审视与主体重构

在审美教育过程当中，教师应转变思想观念，把教师和学生的角色进行转换，并完成角色的重构。审美教育应满足个性化、公平性和交互性的特点，但现阶段的审美教育仍然无法满足以上标准，只有完成了角色的重构，初中语文教学的审美教育活动才能够实现个性化发展，因此学校要按照以人为本的理念提升学生的审美素养及个性化程度。教师的角色完成转变是符合理性标准的，按照理性审视的原则，对教育个性化期间双方的角色进行判定，将学习的主动权交还给学生。教师作为教学活动的组织者，一定要做好指导活动，并且做好监督，这是推动学生实现个性化学习和发展的重要举措。审美个性化教育中个体重构是指教师要认识到自身的教学地位，并做出新的转变。在传统的教学理念当中，教师和学生的地位是经过教育制度确定下来的难以进行变更，但社会在进步，教育环境已经发生了重大的变化，教师可以作为教育的参与者和指导者，为学生带来指导建议，这就是新时期的教育规律，也是未来教育发展的大方向。在这种状况下，并不代表着教师可以不关注教育活动，学生也不能脱离教师的指导，进行完全的自主学习，初中语文审美教育的个性化实现，应按照客观的态度去分析审美个性化特点，激发出教师和学生的积极性，努力提升审美教育的效果。

## 一、坚持教师角色的转变与重构

人文教育思维为教师和学生带来了崭新的视角，而教师在教学上同样可以利用新的教学思维丰富学生与教师之间的关系，并且这种教育思维让教师和学生的角色完成了转换。因此社会上产生了新的教师和学生之间的认知关系，人们开始关注学生的发展主体性作用，反对将学生看作整体的组织，要让学生学会提升个人学习的主观能动性，并且将个人当作教育的关键节点，从学生个体的角度来看人本主义思想，注重学生的选择权利，让学生意识到自己是独立的个体，自己要对自己负责。所以应用人文主义教育思维，要更新教师的角色观念，不能受到传统思想的束缚。教师不能使用所谓的标准答案去约束学生，正确的做法是帮助学生探索个性化的审美。教师可以作为督促者，并且帮助学生实现个性化成长。在传统的教学中，教师一味地教导或者培训，让学生掌握知识技能，这种观点已经落后。

教师的做法一定要转变，不能只关注知识的传递，而是要鼓励学生去思考，激励学生的思维。伴随着社会的转变，教师也要转变职能，可以成为学生学习的顾问，与学生交流意见，协助学生寻找学习期间的矛盾点，不需要直接告诉学生答案，希望学生可以集中精神去完成创造性的活动。按照民主教育的模式，教师和学生之间的关系，要体现出民主思维。

进入新的时代，教师的角色已经发生了转变，并且已经成为客观存在的事实。在初中语文课堂教学中，教师应重视角色转变的现状，积极适应新的角色，课堂上教师不仅要担负起传递知识的职责，做好课堂的评价管理，同时还要为学生带来更多的支持，引导学生完成自主探究。语文教学方面有大量的资源需要整合，而教师则发挥着重要的整合作用，将各种资源组合在一起，帮助学生理解语文知识。提升学生的学习自主性，形成个性化的学习思路，帮助学生构建出创新的路径，是语文教学要达到的目的。语文教学活动具备审美的认知判断及价值，而教学过程要想展现出这些因素，必须将审美教育的个性化作为重要的教学原则。传统的教师思想是在教学上占据主体地位而根据新的指导性思想，教师要变成引导者和促进者，这种定位的转变带来的效果必然是不同的，传统思维是教师教会学生掌握语文知识，而新的背景下，要求教师发挥出指导作用，帮助学生完成自主学习，这样的转变符合人本主义的思想，并且在实践过程当中和传统的尊师重道不会产生矛盾。维护教师的权威性并不代表让教师占据强势地位和主导地位，实际上是为了显示出学生对教师的信任和尊重，教师可以从教学方式、教学水平及专业度上提升个人的综合实力，只有具备了相应的能力之后，学生才会信任教师并且认可教师。为了维护教师的个人威严，可以通过沟通对话等方法与学生交流情感认知和价值观，让教师和学生形成合作的关系，这种情况下教师的身份就完成了转变。所以在审美教育方面，教师的角色以及行为要遵照以下标准去转变。

### （一）教师角色

学校的审美教育需要通过教师来组织引导，发挥教师的引导作用非常关键，并且教师参与了整个审美教育活动，为学生制定出全面个性的审美教育策略，是确保实现教育公平的重要措施。

### （二）教学态度

教师在教学期间不仅要关注认知，同时也要建立现多样化的审美观点，鼓励学生大胆地去完成体验活动，做出自己的判断，这样有助于感官及理性的审美发展，将感官审美和理想融为一体，丰富个人的审美能力。教师要带领学生完善个人的思想，并促进学生形成独立的判断和多元化思维，在教育和学习上实现双方共同进步。

### （三）审美能力

发展和提高符合学生个性化特征的综合审美素质，在课堂上培育特有的美育风格及个性化理念。语文课堂的美育教学活动，既要展现出美育的相关理念，同时也要遵循个体化的特点，为学生营造出丰富的审美感知，帮助学生建立起精准的判断力，扩展学生的审美境界。

### （四）教学个性

教师应结合个人的教学能力和水平，营造出个性化的美育观点，凸显出美育的特色。教师也要考虑到学生的发展需求及个性化认知，合理分配审美教育的资源，开展个性化的教育，向学生展示个性化教育的理念，共同推动个性化教学的发展。

## 二、关注学生角色的转变与重构

根据人本主义的教学思想，学生的角色同样要做出调整，从传统的被动角色变成主动角色，要求学生激发出个人的潜力，占据学习的主动性。教师也要按照人本主义的原则向学生传授学习的技巧，指导学生实现个性化成长。学生占据主体地位，教师的作用就是发挥指导监督职责，帮助学生掌握知识技能并提升个人的审美能力。

转变学生的角色非常重要，因为传统的教学思路对于学生的束缚比较多，学生只能被动地接受指导。现阶段初中语文审美教育则转变了教育的思想，不能把语文教育作为语言教学的唯一方向，这种教学方法不再注重学生的学习知识，而是将语文看作强化学生记忆的过程。从学生的角度来看，学习本身就应具备个性化的体验，积极主动参与到整个学习环节，学生发挥出主体的地位和作用，这样学习就充满了情感体验和判断，不仅能够获得知识及技能，也可以了解时代发展的变化，形成全方位的审美，通过这种方式塑造出学生健康向上的审美价值观，体现出了语文审美教育的深层次目的。语文审美教育教师要引导学生明确个人的权利和地位，积极掌握学习的主动权，并且学生可以实现个性化发展，根据个人的性格特点及学习能力，构建出属于自己的思想表达方式，同时也要注重探究合作性的学习，通过这些方式来提升个人的语文学习素养，这种方式才是构建语文审美思维的做法。

总而言之，新时代背景下，教师和学生的学习角色发生转变，教师一方面转变职能，另一方面也要指导学生适应新的主体角色。在审美教育方面进行个性化探讨，帮助学生建立起主体学习的意识，养成良好的审美态度。根据审美教育的特征，在提升学生认知和理解方面，可以从以下层面做出调整。

### （一）学生角色

教育的主体性转移到学生身上，要协助学生养成良好的主体意识并开展自主性和个性化的审美教育实践。

### （二）教学态度

将学生作为重要的审美主体进行审美教育，培训学生审美的思维和理念，帮助学生提高个人的审美素养，转变教学的态度，确保学生实现全方位的成长。

### （三）审美能力

每个学生都有自主学习的潜质，教师应指导学生进行多样化的情感体验，产生自己的理解，在此期间学生可以将自己的心态逐步过渡到适合自己节奏的方向，形成符合自己需求的学习方法，并制定出个性化的探究标准。

### （四）学习目的

提升学生的综合审美素养，为学生塑造出积极健康向上的价值观和理念，既要完成个性化的发展，同时也要确保学生的价值观符合社会时代的主流。

# 第二节　构建个性化审美教学环境

实现个性化的审美教育的前提条件在于重视审美的氛围及环境塑造，这样有助于完成审美教育的个性化发展，并保持良好的开放自由的环境。初中语文审美教育活动需要关注情境感染，为学生带来感染情境才能够形成对应的个性化审美，比如审美氛围表现出和谐的特点，学生才能产生积极的心态，审美的情绪也必然变得更加良好。好的教学环境可以促使学生主动地进行审美思考，对于审美的内涵产生了反思，这样的语文审美教育效果就会大大强化，所以个性化的审美环境可以从氛围上起到烘托的作用。

## 一、营造适合的审美氛围

在课堂上进行语文审美教学，应该营造出和谐的氛围，所以课堂氛围也是教师应关注的重点。和谐的氛围可以满足学生课堂上的审美需求，让学生变得更加快乐愉悦，所以课堂上的氛围要体现出和谐民主的特点。学生在放松的氛围下，每个人产生的审美才会更加自然。良好的审美氛围是开展美育教育的前提和保障，好的审美氛围和环境可以帮助学校改善教学环境，让学生可以产生深层次的情感认知。

教师应该分析学生的整体学习能力，鼓励学生占据学习的主导地位，给予学生充分的尊重，对于学生体现出来的审美态度和认知判断要给予客观的评价，指导学生使用自己的头脑和眼睛观察文本内容，产生独立自主的思考并给出最终结论。审美的教育资源有多种类型，每个学生面对审美资源都有各自的审美方式和审美视角，产生的体验相对丰富，教师要将审美空间还给学生，指导学生丰富个人的审美体验。教师在此期间只需要发挥出引导评价的作用，所以审美的主体在于学生。在学习的课堂上为学生带来自由的氛围，要求学生实现自主学习正是考虑到了传统的学习习惯对学生产生了束缚，因此通过各项措施协助学生养成好的审美习惯是非常有必要的。使用审美氛围作为指引，开展的审美教学活动要分段进行，在学习的初期阶段指导学生，产生一定的审美体验和判断标准即可，如果没有制定出合理的审美氛围标准，学生就难以学习到真正的审美文化，即使进行的审美评价也存在问题。教师提出的问题，如果学生没有兴趣回答和思考，这样就形成不了思想上的互动，对文学作品也很难进行深入解读。教师假如设置了固定的教学思路，没有提倡学生的个性化参与给予的，回答也是老师提醒之下做出的，所以这种审美毫无意义，难以产生启发性。

审美氛围要把握合理的度，学生提出了审美观点以后，教师要给予评价，鼓励学生大胆发言，并且用欣赏的眼光支持学生的个性化成长，帮助学生了解个人的不足之处，有针对性地培养审美观念。

结合初中语文学科的教育角度进行分析，在语文审美教育上想要形成深层次的认知，必须依赖于良好的学习氛围。教师群体要使用审美教育方面的理念提升细节，并注重引导活动，培养学生在审美方面的兴趣及情感，同时也要对学生的审美情感进行评估，关注情感的理性因素。指导学生把情感的认知和理性融为一体，并且结合起来，审美教育方面对于学生的情感态度及价值观要做好把控，关注在学习期间学生的成长和进步，比如学生将不好的阅读习惯改正了以后，教师要给予鼓励和表扬，以此来引导和培养学生产生更加深入的审美感受，这样学生就能产生愉悦感，逐步养成良好的习惯。另外审美教育期间，教师要发掘出学生的潜力，并注重个性化的审美能力培养，帮助学生建立个性化探索及学习的计划，同时要制定出审美空间，这些与学生的审美息息相关。只有为学生带来自由地审美空间和平台，学生才可以自主地参与到审美学习环节，并构建出特有的审美思考框架。

在营造出审美氛围方面，要考虑到审美氛围的适宜性，教师群体也要关注学生的审美学习过程，并发掘出审美学习的意义。特别是教学过程使用语言灌输的方式并不可取，不能把教学精神和意义直接灌输给学生，这样的审美学习活动就难以达到效果，只能传递语言和精神的表面意思，学生无法理解审美的情感。语文教学方面，教师应转变个人的教学思路，将文本的解释作为教育的辅助，重点将审美教育作为重要的教学方法，将语文知识的讲授和审美教育同步发展起来。从现有的教学实践进行分析，有的教师并没有将二者结合起来，课文内容依然是教学的工具，对于学生来说只了解了文字的表面意思，但并没有深入理解文字背后的意义，这种审美只是单方面的，没有理性和感性的融合。在学习文本期间，可以将审美教育和文本学习合二为一，有助于学生理解文字意思，并且有助于提升学生的审美能力，所以运用语文学科开展审美教育符合人文性的特征。

语文教学不仅仅是自主性学习，同时也要关注学习的个性化程度，教师应关注学生的主体地位，并帮助学生积极主动地完成学习，同时教学方案一定要满足学生个性化成长的需求，因此教师对教学设计的内容进行分析，并参考学生的审美能力和现状，结合文本内容为学生制定出合理的方向，比如学生已经形成了一定的审美经验，在利用原有经验的基础之上充分地展开审美活动，培养学生主动审美的习惯，在体验和探究过程当中就能形成审美思维。在审美教育方面进行个性化拓展，本身就要求学生要按照个性化的思路去培养个人的审美情绪，并对审美对象进行解读，所以审美氛围可以让人们的境界提升起来。如果缺少了审美的氛围，学生就难以养成好的习惯，这就说明审美氛围是重要的学习平台，有助于学生提高个人的审美水平。

## 二、多角度交流与沟通

在课堂教学环节必须关注学生的学习特点，合理地分配教学环节和内容，根据学生的个性特征制定出个性化的教学方案。在审美教育上，要根据审美的群体需求、个体需求和团体需求制定出合理的交流规则，这有助于实现审美教育的目标。

现有的教学设计活动也应做出调整，将可变动性因素和固定因素单独列出来。固定性的因素包括了学习的文本内容、教学资源，而教师和学生是可变性因素。从教师的自身角度入手，根据教学能力现状为学生营造出适合的学习氛围，在课堂上关注学生的交流特点，引导学生重点进行情感交流和体验，并给出理性的判断。学习观点和思维方式关系着审美的习惯，突出个性化交流，让学生在交流期间分享各自的审美经验，有助于提升学生的审美水平。固定性的教学资源难以变动，但是通过教学资源的调整，将教学预设活动作为有意义的教学工具，才能达到应有的目的。

语文审美教育存在着实效性的特征，所以对教学过程进行设计和交流需要从以下几个方面入手：考虑到学生群体的个性、爱好、生活经历、体验、审美态度、习惯、思维特征、知识储备及在审美方面的品位、精神境界等。初中阶段的语文审美教育在教学环节属于特殊的存在，因为初中生属于审美观的形成阶段，所以学生的学习过程及学习结论并不应固定，教师可根据个人的教学方式和个性化特点，积极主动地与学生进行沟通和交流，提升学生学习的目的性与主动性。教师应关注学生的个体信息和群体信息，从学生的角度分析审美对象，这样的审美体验感才会变得独特。大多数情况下，学生会选择共同性的审美标准，但这就忽略了个性化审美，所以教师要向学生解释审美的态度和判断特点，要求学生使用个人的审美经验去完成审美活动。

完成个性化审美教育需要教师和学生从多个角度完成交流和沟通，以下几个部分是沟通的重点。

首先，现有的美育资源要合理地利用起来，选择美育资源的标准就是参考目前的美育目标，分析学生的年龄特点和审美能力，从教师的教学方向方面入手选择适当的资源，而这些资源是推动学生审美思维发展的重要基础。教师可以运用美育资源，帮助学生拓展个人的审美活动和审美能力。审美的态度要明确，将个人的情感因素及审美标准作为沟通的内容，这样展现出来的审美能力才能产生更好的效果，缺少真情实感的表露，审美思维就无法持续。

其次，教学方面可以使用审美生成一定的空间，在复杂的情境下，审美空间可以让学生产生更多的审美情绪，在遇到审美问题之后，教师也要做好指导工作，为学生带来创造的思维空间，不能直接给予答案，可以让学生自己思考。在教学假设上，应注重学生的审美能力和审美态度，不能任意更改教学目标和假设。要求学生养成良好的审美态度和判断标准，并做好引导和示范工作，学生养成了一定的审美习惯以后，可以利用审美能力进行沟通和交流。

最后，在教学上学生的审美观点是多样化的，所以要让学生大胆交流，但是要确保教育的内容是积极向上的，形成了深层次的语言审美教育体验，学生就能学会更好地表达自己的想法。

# 第三节　创设审美问题的情境教学

情境教育学家李吉林曾经对于情境学习给出了解读，他认为情境学习有着较好的直观性，更能体现出趣味性，学生也能够获得感官上的享受。由此可以看出情境教学的重要性，因此在审美教育上情境教学方式受到了广泛的关注。

首先，学生和教师可进行合作，为体现个性化审美教育可设置多样化的情境，在审美的空间、个性等方面综合考虑，让学生可以理解美的存在，从而产生审美的兴趣，这有助于提升学生的精神和思想境界。受到氛围因素的熏陶，学生就能形成各自的审美理念。

其次，利用情境教学，中学生的审美能力、思想境界格局都在不断地提升，因此我们要关注整个审美的过程，重视审美的情感态度和价值观，采取多样化的措施提醒学生提升个人的情绪和态度，不能偏离社会的价值观。

最后，教师和学生之间的合作也符合个性化审美情境创设的标准，这是教育个性化的重要体现。教师和学生的审美经验、价值和精神都存在一定的区别，但教师的经验相对丰富，可以给学生带来指导。

总而言之，在审美问题上创设一定的情境，有利于实现审美的教育目标，让学生能够感受到不一样的审美体验。

审美情境的创设有多种类型可供选择，比如质疑式问题情境、矛盾式问题情境和开放式问题情境。

## 一、创设质疑式问题情境

创设质疑情境可以让学生产生审美问题并激发出兴趣点，遇到审美对象学生就会产生疑问，所以在带着问题的情况下审美的需求才会增加，这种方式的问题情境可以带动审美的发展。

在提问情境中，教师要发挥出引导的作用，帮助学生寻找特定的审美对象及内容，提出来的问题必须带有趣味性，这样学生的审美兴趣才会被激发出来，并形成良好的审美思想。教师要提前预测对应的问题，而且问题一定要清晰明了，让学生知道审美的意义所在，在问题设置上，教师要分析目前审美资源的特征及教师教学的特点，结合学生目前的学习进度，合理地给予引导。有的学生审美能力较弱，这些学生群体的需求也要考虑在内，将学生的审美感受力作为筛选的标准，特别是审美问题要和审美有关，便于引发学生情感上的共鸣。在问题的难度上要做好平衡，不能过于简单，也不能过于复杂，否则将会影响学生的判断能力和感知能力，这样的审美就达不到应有的效果，简单的问题可以作为审美铺垫，但起不到刺激学生审美需求的作用，难以产生问题的情境。教师可以参考整个教学的段落和文章主旨设置审美因素和问题，启发学生进行深入的思考，所以审美问题必须符合审美的主题。

## 二、创设矛盾式问题情境

每个学生的审美判断标准和审美体验都有差异性，所以在面对不同的审美对象时，学生难以做出同样的评价，这是审美教育应考虑的问题。初中课堂进行审美教育，需要把影响审美差异性的因素考虑进去，教师要提前理解学生的审美能力现状、审美思想及学习能力。制定出来的审美情境问题不能与学生的审美水平产生冲突，审美教育存在多元性的特征，可以挑选多个角度进行判定，并且审美过程中有多个资源可供使用，通过矛盾式的情境设置，从正面和反面体现出审美的价值。矛盾式的情境能让学生产生审美的兴趣，并推动审美需求的发展。教师应鼓励学生从多个角度、多个层面分析审美的差异性特点，在矛盾的思想中学生可形成个性化的思维，这种差异性是客观存在的，遇到矛盾并且对矛盾进行分析，提升了学生理解空间的能力。

建立相互冲突的问题场景，带领学生建立起开放性的审美意识及思维，在审美视角当中选择符合自身能力的审美特点，逐步分析审美问题，并深化审美的价值。矛盾是普遍存在的，教师应教会学生运用矛盾的观点去判断审美对象的价值与内涵。

## 三、创设逻辑式问题情境

初中语文知识和逻辑性有着对应的联系，审美通常对美的特点进行理解，但是美的特征和逻辑存在较大的差异，运用审美可以实现二者之间的融合。

作品的完整性和质量在于内部各种元素的协调与组织作品的形式和内部的逻辑相对正常，并且保持完整性，这样的作品才具备美感。作品内容的统一、形式的统一和结构的统一，都属于典型的逻辑性特点。学生在理解作品和感受作品的同时可以产生美的体验，而这种过程是通过感性认知逐步展现出来的，从个人的情感逐步上升到精神境界，通过不断的积累，学生就能获得情感上的享受，所以学生的审美是从多个层次和多个角度来开展的。设置逻辑性的问题情境需要结合多个角度和层面，在每个细节处都要体现出美的氛围，这样展现出的美的价值才更加多样化，审美逻辑性存在着较大的感染力，在选择审美对象以后，我们的感受是连接在一起的，存在一定的逻辑特征。

设置逻辑问题的情境需要教师发挥出个性化审美的教学能力，并且通过审美教学带领学生认识到多样化的审美方式，在问题的设置上不能过多限制学生，并且问题本身也要体现出多样化特点，为学生带来开放式的空间，这样学习过程就能感受到内在逻辑性的美。建立问题期间不能回避审美的情感元素，使用理性的逻辑让学生思考审美的情感体验，并且做好审美的结果评估。感官体验和理性判断会存在一定的差异性，这涉及美学的审美理论。但是在教学方面只需要解决人们的审美能力和审美标准即可，教师只需要提供一定的资源作为支撑，帮助学生形成自身的审美能力，并且构筑个人的审美逻辑思维。同样也要注重理性的和感性的思维的应用，两种类型的思维缺一不可。

## 四、创设开放式问题情境

美具备了开放性和无限性的特征，审美活动促使学生产生了愉快的体验，身心也得到了成长。由于学生的思想境界和视野存在一定的区别，所以学生的收获会存在不同的结论，但这也凸显出了美的开放性魅力。

文学作品往往是经过作者进行创作改编而成的，其中有这么多场景是具备对比性的，通过丰富对比体现出作品的复杂性，体现出作品的特有思想，因此优质的作品通常是复杂的，在审美问题上也要采用开放性的态度。审美教育活动凸显出个性化，教师要根据个人的性格特征，采取个性化的教学方案，设计出符合课堂环境的审美教育方式，结合学生的个性认知唤醒学生内心深处的审美体验。要想达到这些目的，需要使用开放式的问题情境。审美和人们的感受存在区别，但是潜在的美非常丰富，不同的视角产生的审美差异性符合现有的规律。开放性的审美可以促进审美的发展，带动人们的思考能力。学生也可以参考多样化的审美体验和方式，将审美标准逐渐提升到更高的水平。只有感受到了美的存在，这样的审美才是有意义的。开放性的问题并不是随意设置的，要根据审美的对象和内容选择与语文教材相关的内容，并且从生活当中挑选符合学生认知特征的审美素材。问题情境是学生能够解决和认知的，超出了学生的认知范围就难以起到作用。同时设置开放式的问题情境需关注学生的情感体验变化，应当激发出学生的审美动力，并且鼓励学生敢于创新，发现不一样的世界。

# 第四节　灵活运用教学方法

教师群体的教学风格及个性特征关系着美育过程的理念和方法，教师的方式和方法以及美育教学理念，应结合学生的需求，帮助学生提升审美技巧，促使学生完成个性化发展。在此基础之上，教师应当设计出个性化的教学方式并尊重学生的个体化差异，丰富教学方式，带动学生的审美情趣，逐步提升学生的审美体验。

教师可以使用以下两种方式辅助教学，比如搁置审美教育多重结论、树立审美教育个性化的高标准。

## 一、搁置审美教育多重结论

康德对于审美的过程进行了阐述，认为在审美方面可以结合物体的逾越方式来进行划分，审美过程中让人产生了愉悦感，这样的审美是有效的。但同时也表明了现代化美育存在复杂性的特点。研究审美教育的理智和感性因素发现审美结论具备相互转化的特性，可以调整审美者的审美知识架构。通过开展审美教育活动，可以实现超出理智思考及感性经验的审美标准和审美能力，但从长远来看，审美的结论并不需要统一。没有必要调和美学的标准性，所以对于美学内容进行研究，往往会考虑到两个方面的结论。首先，艺术科学只是影响人们艺术创作的技巧，人们可以看到艺术品的外貌，并且对艺术品的创作方式进行了评价，在艺术批评方面这种观点非常普通。其次，我们需要对艺术的科学性进行评价，但这些评价的内容不会考虑到艺术品的本质特点，这样的评价也被称作抽象的哲学。初中语文的审美教育进行个性化的发展，应结合学生的接受能力及当前语文学科的特征。教师对于形式美学哲学内容做出区分，并且在教学设计当中关注教育的个性化和哲学性。

从情感体验感悟等方面探究审美的结论，通过理性的结果思考感性认知，这样的审美过程相对普通，但通过个性化的审美标准就能产生更多的意义。教师在审美教育个性化方面运用了哲学原理，为生命教育开辟了新的方向，通过分析哲学的内在价值，促进了审美教育的个性化发展。

审美教育的个性化需要教师通过个人的方法反思审美过程并做好个性化指导，让学生都能感受到个性化审美的优点和好处。教师要从更深层次的角度对理论进行分析，让学生感受到多样化的审美特点，这样学生的审美境界才能够和个人的审美经验结合起来。通过教学方式的转变，提升审美的精神感受，教师在个人教学上采取的引导方式也有很多区别，但是学生的个人经历、学习能力和评估水平各不一样，在此背景下美育教学也会产生多样性的结论。学生在审美认知上存在失误或者审美态度不端正，出现了较大的偏见和错误，教师就要立即介入，对不合理的假设做出点评，帮助学生形成健康的审美观点和态度。教师应观察学生的审美习惯，如果产生的审美标准过于理性，没有情感的体验也会导致新的问题。有的学生过于情绪化，没有将理性判断作为一项审美需求。教师也应做出干预，要求学生结合情感认知和理性角度合理地调整审美方式，指导学生完成审美的学习和创新活动，只有从个人的角度去感受审美，这样的审美活动才是有意义的。

## 二、树立审美教育个性化的高标准

有的学生具备一定的审美能力，但也有的学生审美能力较低，他们在生活上产生的感性经验和理智活动都存在差异性，在对于审美的目的性和自由性的理解上，同样有各自的看法。为了实现审美教育的个性化，教师可以根据个人的教学能力突出审美的个性化，并给学生带来示范，这也表明了感性体验和经验在审美实践活动当中非常重要，特别是理性判断，是帮助学生寻找审美结论的前提。教师可以根据个人的情感体验以及经验，带领学生从理性的角度分析感官认知，提升审美的全面性，这样的感官教育就能体现出特有的价值，实际上美育的实践教育非常考验教师的审美技能和审美能力。

根据审美的过程分析审美教育个性化的需求，寻找学生和教师的审美个性以及特征，培养个人的审美。结合具体的审美教学活动，采取示范的方式引导学生深化个人的审美理念，产生不一样的审美价值和理解。审美教育不只是教师单方面的努力，学生也要积极配合。在教师的带领下，学生要积极地整理和语文审美教育有关的内容。同时，教师要在社会上寻找专家的协助，向具有影响力的专家请教审美经验，这样才能做出理性的判断，选择其中符合学生认知标准的经验展示给学生，指导学生建立自主评价小组并开展小组合作探究，在小组内学生可以分享各自的审美经验。丰富多样的审美教育方法，让学生产生了审美的兴趣，并形成了多样化的审美视角和感悟。这种活动帮助学生提升了审美思维及情感水平，从而达到了新的认知阶段。在审美最初的时候，学生可以自主学习并获取基础的体验，主要是参考文本内容并进行鉴赏，这样的审美理解非常基础，但同时也存在着一定的个性化认知。这些认知体验属于审美的感性认知层面，需要对审美对象当中的深层精神含义做出判定。单一的感性认知和片面的理性判断，无法提升审美能力，并且产生的价值有限。学生通过基础的阅读可以掌握最基本的审美能力，但教师需要通过多元化的引导丰富学生的感性认知并做出相应的判断。通过教师的示范作用，学生能够理解审美的思维，形成具备个人经验的审美判断力。

审美示范教育在审美个性化教育方面发挥了重要的作用，示范作用可以在最短的时间内教会学生使用丰富的审美方法，但这并不意味着要求学生单纯地模仿，不能将这种教育方式当作公式化和概念化的教学。示范和引导的作用是让学生明确审美的方向，掌握良好的方式和方法，帮助学生反思个人的审美不足之处，并借鉴积极的审美观点，从多个角度对审美对象的内涵进行解读。教师在引导学生进行示范化感悟期间，要突出个性化教育的意义，鼓励个性化的探究活动。

# 第五节　建立科学的评价基准和个性化评价原则

在审美教育个性化领域实施多元化的评价标准，并注重评价的交互性及公平性原则。开展审美教育，原本无法进行量化评价，因为审美特点具备感性和理性的元素，从精神层面上，人们产生的审美体验无法使用分级别和分数的方式做出判断。在实际评价环节，可以将学生的审美能力、审美方式、审美过程判断能力及责任心作为评价的内容，帮助学生构建出与审美对象产生的联系，通过双方的互动就能得到特有的审美体验。

个性化美育采用的原则及特点，可以从现有的新课标中寻求思路，在新课程标准中也有对应的评价标准及原则运用这些标准，可以解决个性化美育方面的实践评价问题。从理论层面上来看，针对审美教育的个性化评价是非常有必要的，这可以推动审美教育的深入发展，在审美教育方面关注学生的审美原则、态度、策略和能力，进行合理的评价并根据评价的结果鼓励学生不断地调整方向，培养创新性的审美，凸显出个性化的审美原则，对于存在的不足之处实施评价诊断，为学生带来更多的优化建议，帮助学生掌握良好的感知能力和判断能力，从初中阶段就建立起相应的审美情趣和审美态度，确保学生群体能够实现全面的个性化成长。

## 一、建立审美教育的评价基准

选定评价基准需要对审美教育个性化的特点做出划分。

首先，关注审美的体验、态度、习惯、判断力等因素，融合感性和理性的视角，合理地评价学生的审美活动。审美的评价包括了最为基础的美，比如自然界、社会、生活当中存在的美的事物，对美进行评价并不是判断谁优谁劣，是为了让学生理解美的判断标准，学会判断美的意义和价值。在审美方面感受到审美所带来的愉悦感，同时教师要采取逐步推进的方式，将学生评价的审美内容结合到适当的阶段，让学生愿意通过实践活动理解评价标准。

其次，评价活动应基于人格发展的教学视角及人本思想开展，评价审美教育当中的审美目的及角色，促使学生形成好的审美情趣和态度，在评价中使用积极的心态，对美的含义进行评估并适应目前审美的地位，占据审美的主动权，并帮助学生制定出合理的学习方式，注重学习合作交流。在此期间不断地反思个人的不足之处，才能达到提升审美境界的结果。

再次，评价应结合审美心理学现有的研究成果，并且以此作为基础重点关注多个年龄段的学生的审美心理需求、审美的态度、情感因素、心理距离等，不断地积累相关的认知，同时也要参考不同背景下学生的实践特点，采取有针对性的评价方式。教师要指导学生做出有效的实践活动，根据事物本身的特点进行实践性的体验，因为这些体验活动是解决学生切实需求的重要措施，但教师要做好示范和指导。

最后，评估活动应基于开创性的教育理念，将教育的创新性发挥出来，不能过于传统，遵循守旧，应该采用创新型的思路拓展审美教育的意义。

## 二、建立审美教育的个性化评价原则

个人的审美评价原则是进行审美实践活动的重要保证，可以规范评价的大方向，旨在帮助学生学会正确地进行审美评价。在审美教育方面，教师和学生都要注重审美个性化评价原则，因为双方的审美都需要通过一定方式的评价来确认审美结果，因此有必要构建出个性化的评价原则，帮助学生占据评价的主体，进一步减少教师的干扰。

### （一）指导性与发展性相统一

应用个性化的评价指导帮助学生从浅到深、结合多个角度体验美的意义和价值，在审美教育方面，教师和学生应重视存在的问题，只需要调整审美评价的方向及思路，让每位学生都能理解审美的概念，并提升个人的审美能力。指导性的评价在每个环节均有体现，比如有的学生出现了审美误区，不懂得如何去审美，停留在某个审美的阶段，无法提升自己。指导性的评价对于个性化评价没有过多的要求，评价的起点存在变动性并不会固定在某个出发点，结合时代的发展变化，评价标准吸收了最新的审美理论和教育理论。随着教学资源的更新，评价理论同样要做出调整，并且要适合现有的教育审美发展水平，进一步地完善审美教育体系。参考社会的整体发展规律，教师和学生都要关注审美理念的创新，做出合理的评价。利用目前的规律，为审美教育和学习带来指导，同时也要学会调整审美的评价原则和方向。

### （二）稳定性与创新性相统一

个性化的审美评价需要具备一定的稳定性，使学生能够意识到自己的评价方式与他人的区别，并形成对比，通过多次的评价实践活动，逐步调整个人的审美习惯及方式。因此审美评价活动在审美教育方面占据了重要的位置，在审美教育相关的理论内容上，审美资源及内容在不断创新，学生群体的综合素质也有所提升，所以审美的评价思想方式和角度要同步更新。创新性的原则和发展性的原则也有一定的区别，创新是指要采取超前性的思考，对生命教育当中的思想及行为进行规划，并且运用超前的思想意识为学生的审美活动带来指导。在涉及保守的教学实践方面，运用创新型的评价方式，能够产生更好的意义，但稳定性并不是要求一味地遵循传统和保守的理念，而是通过有方向性的指导发挥出评价方式的作用，而创新性是根据时代的发展变化，调整审美的评价方向，以满足学生的需求。

### （三）评价主体的多元化与科学化

在课堂教学方面，教师和学生作为评价的主体可以实现角色的互换，教师可以评价学生，而学生也能够评价教师，这与目前的多元化发展趋势相符合，所以在实际教学环节，多元化的思想理念已经得到了应用。对于课堂审美教学来说，多元化的评价主体有着非常重要的实践意义。

从评价主体的角度来看，教师是审美教育的重要主体，对于审美的方向负有重要的指导职责。随着时代的发展，审美的价值取向在变化，审美方向也应符合社会的整体发展趋势，内容必须是积极向上的，所以在审美教育的整体深度和范围上，教师要进行宏观层面上的指导，鼓励学生利用审美的技能产生积极的兴趣和情感。传统的审美对于感官要求比较多，但经过教师的指导，运用自由审美的方式，将学生的审美需求释放出来，运用理性及感观视角融合的方法观察审美对象。在审美的层面上进行宏观上的指导，并且给予细节上的完善。在评价方面给予学生创新性的指引，为学生带来更加深远的审美意境，创造出相应的审美平台，遵循审美的及时性评价原则，在学生出现审美方式的错误或者陷入误区时，教师就要及时介入，并且运用正确的理念教导学生，支持学生积极地发现问题，创新个人的审美思维。在审美问题上也要指导审美的有效性和深度。在创新性问题上给予鼓励，要求学生实现个性化审美发展，本身的教学活动和美育教学都有一定的局限性，审美的创新思维应发挥出促进学生审美个性化的作用，提升学生的审美能力。

现有的评价主体也包括了学生，但是学生也会对他人的审美收获和经验给出自己的判断。在评价他人的期间，学生也能够自我反思，了解个人的审美能力，这种审美能力的提升相对隐蔽。第一，学生可以作为评价的主体，构建出符合自己需求的评价标准。这样的评价标准与教师和同学们也有密切的联系，只有获得了对方的支持，个性化审美标准才能实现。第二，学生要具备健康的审美理念，坚守个性化发展，激发出个人的审美情趣和思想，这样的标准可以帮助审美对象形成好的发展趋势，否则将会起到错误的引导作用。第三，学生作为学习的群体，在接受审美态度上参考各种各样的教育方式，并坚持个性化发展，同时也要将个人的判断力显示出来，形成具有各自特点的判断方案。对于美的思想和精神价值进行反思，可根据实际状况调整个人的思路，使用周边的资源完善审美标准。第四，接受评价需要具备创新和发展意识，不能过多地局限于当前的经验和收获，利用教师和学校提供的审美资源进行创新，考虑到教师和同学的审美观点，对审美对象实施多角度的评价和反思，并结合现有的评价结论提出个人的建议，这也有助于拓展个人的审美能力和视野，并起到良好的引导作用。第五，教师可以引导学生构建出尊重他人的评价体系，比如同学们的审美评价标准相对优秀，也可以参考别人的做法，制定出自己的标准，假如同学们制定出的标准存在问题，也不应批评打击，而是客观地提出个人的建议，帮助对方完善不足之处。第六，学生需要获取大量的审美教育资源，提升个人的审美技能。在日常学习中积累审美的相关知识并形成良好的习惯，对于他人的优秀审美经验，要虚心请教，反思个人的不足之处，这样的评价活动才能产生价值。在评价时阐述清晰的思维并具备一定的逻辑性，教师和学生在审美的评价上不要采取固定的模式，要结合审美教育的个性化发展需求灵活应对。

# 参考文献

［1］程海滨.中学文学审美教育论［M］.芜湖：安徽师范大学出版社，2020.

［2］杜卫.美育学概论［M］.2版.郑州：河南大学出版社，2013.

［3］梁晓萍.初中语文审美教育理论与实践［M］.北京：中国社会科学出版社，2009.

［4］徐林祥，郑昀.语文美育学［M］.南宁：广西教育出版社，2018.

［5］陈继进.初中语文古典诗歌教学的美育渗透［J］.中学课程辅导（教师教育），2021（16）：89-90.

［6］冯泰山.初中语文古诗文教学中学生审美能力的培养［J］.试题与研究，2022（15）：151-153.

［7］沈娟.初中语文现代诗歌教学与学生审美能力提升探讨［J］.文理导航（上旬），2021（10）：14-15.

［8］石玉花.初中语文古诗词审美教学的措施解析［J］.知识文库，2022（20）：157-159.

［9］薛文.初中语文教学中学生审美素养的培养策略［J］.家长，2022（18）：156-158.

［10］颜强强.初中语文教学中核心素养的培育策略［J］.文理导航（上旬），2023（1）：67-69.

［11］袁利红.巧借多媒体，学出高效率：浅谈多媒体在初中语文教学中的运用［J］.语文教学通讯·D刊（学术刊），2023（1）：55-57.

［12］赵贝.核心素养视域下初中语文教学"大大解放"的运用策略［J］.林区教学，2022（12）：101-104.

［13］赵仲涛.谈初中语文小说审美教学的有效开展［J］.才智，2020（7）：54.